Kaiserstraße 14b
D-80801 München

ISBN 978-3-89883-560-2
1. Auflage 2016

Projektleitung Ines Alms
Texte Rudolf Bögel
Lektorat Katharina Wolf, Katharina Lisson, Regina Rautenberg
Grafische Gestaltung melville brand design (Lars Harmsen), Georg Feigl
Fotografie Stefan Braun
Herstellung Peter Karg
Producing Jan Russok
Druck & Bindung optimal media GmbH, Röbel

In Zusammenarbeit mit dem Bayerischen Fernsehen
Mit Lizenz durch die BRmedia Service GmbH

Die ZS Verlag GmbH ist ein Unternehmen der Edel AG, Hamburg.
www.zsverlag.de | www.facebook.com/zsverlag

HANS JÖRG BACHMEIER

STREET FOOD

IMBISS FÜR FEINSCHMECKER

INHALT

VORWORT

Wissen Sie, wie man gutes Essen findet? Einfach der Nase nach, weil ein gutes Essen auch immer gut riecht. Und so bin ich durch die Straßenschluchten der Metropolen gelaufen und habe den Duft der großen weiten Welt aufgesaugt, auf der Suche nach den besten Straßenküchen. Rom, Hong Kong, Bangkok, New York und wieder zurück nach München!

Ich habe überall probiert und schnabuliert – und dann kombiniert: Die internationale Imbissküche mit einem echt bayerischen Einschlag. Weil der Bachmeier, der ist zwar ganz gerne in der Welt unterwegs, aber beim Kochen dann doch lieber in Bayern daheim.

Auf meiner Tour durch die Garküchen der Welt hab ich mich inspirieren lassen und so richtig festgebissen am Imbiss: Das ist ja nicht nur Fastfood. Sondern saugut. Ein Imbiss für Feinschmecker, der aber leicht nachzukochen ist. Denn Streetfood ist eine einfache Küche, schon allein deswegen, weil in so einen Foodtruck, wie die modernen Imbissstandl jetzt heißen, ja gar keine komplizierten Geräte reinpassen.

Streetfood muss schnell gehen. Denn die meisten Kunden haben ja gar keine Zeit zum Warten, weil gerade Mittagspause ist oder weil sie zwischen zwei Terminen einen Bärenhunger haben. Das ist auch der Grund, weshalb Streetfood auch immer frisch ist. Gerade erst zubereitet, auf den Punkt gebraten, knackig und resch!

Direkt vom Herd in die Hand und dann von der Hand in den Mund. Einfach eine moderne Küche.

Dabei ist die Straßenküche von heute so alt wie die Menschheit. Entlang der großen Handelsrouten haben die Gewürzhändler mit ihren Karawanen ja schon immer was zum Essen gebraucht. Einen Imbiss hat es für die Bauarbeiter an den Pyramiden genauso gegeben wie für die Handwerker an der Steinernen Brücke in Regensburg.

Die Japaner kennen Streetfood, da heißt es Sashimi! In Südamerika isst man ein Ceviche, in Thailand ein Curry, in Deutschland ein Schaschlik und in Bayern eine Leberkässemmel.

Und jetzt mach ich mein Streetfood nicht nur für die Straße, sondern für daheim. Ob als Brotzeit oder als kleine Mahlzeit, ob für die Party oder als Pausengangerl beim Fußballschauen – der Bachmeier der hat Imbiss satt, aber für Feinschmecker. Ich wünsche Ihnen viel Spaß beim Nachkochen.

Ihr Hans Jörg Bachmeier

MARINIERTES & ROHES

Mariniertes und Rohes, ob Fisch, Gemüse oder Fleisch – das gibt es in fast jeder Esskultur. Die Italiener lieben ihr Rindfleisch-Carpaccio, die Südamerikaner marinieren ihren Fischsalat und heißen ihn Ceviche, die Japaner schätzen ihr Sushi und Sashimi, und wir Deutschen mögen ganz gerne mal einen Brathering. Früher hat man Produkte nur in Salzwasser eingelegt, um die Speisen haltbar zu machen, zum Beispiel bei den alten Seefahrern den Stockfisch. Ich mariniere aber ganz gerne, weil es schnell geht, die Frische der Produkte erhalten bleibt und weil durch diese sanfte Garmethode keine Inhaltsstoffe kaputt gehen. Das Gemüse ist knackig, der Fischgeschmack unverfälscht, und die Kombination aus Rohem, wie meinen Gurkenspaghetti, mit was Warmem, wie mit meiner Hühnerbrust, fast nicht zu schlagen.

POPEYE-SMOOTHIE
und Paprika-Avocado-Smoothie

Zutaten für je 2 Gläser

Für den Popeye-Smoothie:
- 100 g Feldsalat
- 100 g Blattspinat
- 1 Mango
- 4 EL Cashewkerne

Für den Paprika-Avocado-Smoothie:
- 2 Stangen Staudensellerie
- 1 Birne
- 1 Spitzpaprika
- 1 Avocado
- 2 EL ungesalzene Erdnüsse

1 Für den Popeye-Smoothie den Feldsalat und den Spinat verlesen, putzen, waschen und trocken schleudern. Die Mango schälen, das Fruchtfleisch auf den flachen Seiten vom Stein schneiden und in Stücke schneiden.

2 Feldsalat, Spinat und Mangostücke in den Küchenmixer geben. Die Cashewkerne und 400 ml Wasser hinzufügen und alles etwa 2 Minuten zu einem cremigen Smoothie pürieren. Auf Gläser verteilen und sofort genießen.

3 Für den Paprika-Avocado-Smoothie den Sellerie putzen und waschen, ein paar Blätter beiseitelegen. Die Birne waschen, vierteln und die Kerngehäuse entfernen. Die Paprikaschote längs halbieren, entkernen und waschen. Birne und Paprika grob zerkleinern. Die Avocado halbieren und den Stein entfernen. Die Avocadohälften schälen und das Fruchtfleisch in Stücke schneiden. Die Erdnüsse in einer Pfanne ohne Fett anrösten.

4 Alle vorbereiteten Zutaten in den Küchenmixer geben. Die Erdnüsse und 400 ml Wasser dazugeben und alles etwa 2 Minuten zu einem cremigen Smoothie pürieren. Auf Gläser verteilen, mit den Sellerieblättern garnieren und servieren.

MLS
20

KARTOFFELCHIPS

mit Avocadocreme und Paprikasalsa

Zutaten für 4 Personen

Für die Salsa:

- 3 Tomaten
- 2 Paprikaschoten
- 2 Schalotten
- 1 rote Chilischote
- 2 EL Olivenöl
- 2 EL Honig
- 2 EL Weißweinessig
- 30 g Gelierzucker (1:1)
- Salz
- Cayennepfeffer

Für die Creme:

- 2 reife Avocados
- 2 Minzeblätter
- 1 Spritzer Weißweinessig
- Saft von ½ Limette
- 2 EL gutes Olivenöl
- Salz
- Cayennepfeffer
- Zucker

Für die Chips:

- 4 große vorwiegend festkochende Kartoffeln
- Öl zum Frittieren
- Salz
- Chilipulver

1 Für die Salsa die Tomaten kreuzweise einritzen, überbrühen, häuten, vierteln und entkernen. Das Fruchtfleisch in Würfel schneiden. Die Paprikaschoten mit dem Sparschäler schälen, längs halbieren, entkernen, waschen und in Würfel schneiden. Die Schalotten schälen und in feine Würfel schneiden. Die Chilischote längs halbieren, entkernen, waschen und fein hacken.

2 Das Olivenöl erhitzen, die Schalotten und die Paprika darin andünsten. Tomaten, Chili, Honig und Essig dazugeben. Den Gelierzucker hinzufügen und die Flüssigkeit unter ständigem Rühren verdampfen lassen. Mit Salz und Cayennepfeffer abschmecken.

3 Für die Creme die Avocados halbieren und den Stein entfernen. Die Avocadohälften schälen und das Fruchtfleisch durch ein Sieb in eine Schüssel streichen. Die Minze hacken. Das Püree mit der Minze und den übrigen Zutaten würzen. Den Kern hineinlegen, damit die Avocadocreme nicht braun wird.

4 Für die Chips die Kartoffeln schälen, waschen und in feine Scheiben hobeln. Die Scheiben in eine Schüssel mit Wasser legen, damit sich die Stärke löst. Das Öl in einen hohen Topf auf 170 bis 180 °C erhitzen. Es ist heiß genug, wenn sich an einem hineingehaltenen Holzlöffelstiel Blasen bilden.

5 Die Kartoffelscheiben aus dem Wasser nehmen und mit Küchenpapier oder einem Küchentuch gut trocken tupfen. Dann portionsweise im Öl goldbraun frittieren. Mit dem Schaumlöffel herausheben und auf Küchenpapier abtropfen lassen. Mit Salz und Chilipulver würzen. Die Chips mit der Avocadocreme und der Paprikasalsa servieren.

NUDEL-GEMÜSE-SALAT
in Parmesanhippe

1 Das Weißbrot entrinden und in Würfel schneiden. Das Olivenöl in einer beschichteten Pfanne mit dem Knoblauch und dem Rosmarin erhitzen. Weißbrotwürfel darin goldgelb braten, herausnehmen und auf Küchenpapier abtropfen lassen. Das Öl in der Pfanne aufheben.

2 Die Tomaten aus der Dose in einen Topf geben, mit dem Stabmixer fein pürieren, erhitzen und auf die Hälfte einkochen. Lauwarm abkühlen lassen.

3 Den Backofen auf 170 °C vorheizen. Ein Blatt Backpapier in vier Teile schneiden und auf ein Backblech legen. Den Parmesan fein reiben und jeweils ein Viertel der Menge (12 bis 14 cm Durchmesser) auf ein Backpapierstück streuen. Im Ofen auf der mittleren Schiene 8 bis 10 Minuten backen. Danach jeweils vorsichtig über eine umgedrehte Glasschüssel legen. Das Backpapier abziehen und die Hippen auskühlen und fest werden lassen.

4 Die Makkaroni in kochendem Salzwasser nach Packungsanweisung bissfest garen. Abgießen und kalt abschrecken. Sofort mit der Tomatensauce mischen. Gemüsewürfel, Erbsen, Weißbrot, Essiggurken und Apfelwürfel untermischen und alles mit Salz, Pfeffer und Zucker abschmecken. Das Bratöl mit etwas Essiggurkenwasser vermengen und unter den Nudelsalat mischen.

5 Die Hippen vorsichtig von den Schüsseln heben. Den Nudel-Gemüse-Salat auf die Parmesanhippen verteilen. Mit den Basilikumblättern garnieren.

Zutaten für 4 Personen

- 50 g Weißbrot
- 2 EL Olivenöl
- 1 Knoblauchzehe (angedrückt)
- 1 Zweig Rosmarin
- 1 Dose San-Marzano-Tomaten (Abtropfgewicht 280 g)
- 200 g Parmesan (am Stück)
- 150 g Makkaroni
- Salz
- 30 g gewürfelte Möhre
- 30 g gewürfelter Staudensellerie
- 30 g grüne Erbsen (frisch oder tiefgekühlt)
- 20 g gewürfelte Essiggurken
- 30 g Apfelwürfel in Zitronenwasser
- Pfeffer aus der Mühle
- Zucker
- Essiggurkenwasser
- 8 Basilikumblätter zum Garnieren

CEVICHE VON DER DORADE
mit Avocado

Zutaten für 4 Personen

- 200 g sehr frisches Doradenfilet
- Saft und Schale von 1 Bio-Limette
- Meersalz
- 150 g Tomaten
- 2 EL Weißweinessig
- 1 TL Honig
- 3 EL Olivenöl
- 100 g Staudensellerie
- 1 rote Zwiebel
- 3 Stiele Minze
- 1 reife Avocado
- 2 Radieschen
- ½ Stange Weißbrot

1 Das Doradenfilet waschen, trocken tupfen und in etwa 1 cm dicke Scheiben schneiden. Den Limettensaft (etwas für die Avocado beiseitestellen) und die Limettenschale darübergeben und die Fischscheiben mit Meersalz würzen.

2 Die Tomaten waschen und auf einer Reibe über einer Schüssel fein raspeln, bis nur noch die Haut übrig bleibt. Den Tomatensaft und den Essig mit dem Honig, dem Olivenöl und Meersalz abschmecken. Den Sellerie putzen, waschen, in feine Würfel schneiden und dazugeben. Die Zwiebel schälen und in feine Scheiben schneiden. In Salzwasser kurz blanchieren, eiskalt abschrecken, abtropfen lassen und ebenfalls zu den Tomaten geben. Die Fischscheiben vorsichtig unter die Tomaten-Sellerie-Zwiebel-Mischung heben.

3 Die Minze waschen und trocken tupfen, die Blätter von 2 Stielen abzupfen und ebenfalls zum Fisch geben. Alles mit Frischhaltefolie bedeckt etwa 30 Minuten marinieren.

4 Die Avocado halbieren und den Stein entfernen. Die Avocadohälften schälen und das Fruchtfleisch der Länge nach in Stücke schneiden. Mit dem restlichen Limettensaft beträufeln.

5 Die Avocado- und die Fischscheiben auf Tellern anrichten. Die Tomatensauce darüberträufeln. Die Blätter von der übrigen Minze abzupfen und die Ceviche damit bestreuen. Die Radieschen putzen, waschen und darüberhobeln. Mit dem Weißbrot servieren.

BRATHERING „BAYERISCH“
mit Gemüsestreifen

Zutaten für 4 Personen

Für den Fisch:
- 4 Doppelfilets von der Renke oder Seeforelle (à ca. 200 g)
- Salz
- Pfeffer aus der Mühle
- Saft von ½ Zitrone
- Öl zum Braten
- 2 EL doppelgriffiges Mehl

Für den Sud:
- 3 Zwiebeln
- 2 EL Butter
- 200 g Zucker
- ¼ l Essig
- 1 l Gemüsebrühe
- 1 Lorbeerblatt
- 5 schwarze Pfefferkörner
- 4 Wacholderbeeren
- 2 Gewürznelken
- Salz
- 1 Zweig Thymian
- 1 Stange Staudensellerie
- ½ Stange Lauch
- 1 Möhre

Außerdem:
- 2 EL gehackter Liebstöckel
- 4 Brötchen

1 Ein bis zwei Tage vorab mit den Vorbereitungen beginnen: Für den Fisch die Fischfilets waschen, trocken tupfen und mit Salz und Pfeffer würzen. Mit dem Zitronensaft beträufeln und 30 Minuten marinieren.

2 Für den Sud die Zwiebeln schälen und in feine Streifen schneiden. In einem Topf 1 EL Butter erhitzen und die Zwiebelstreifen darin andünsten. Den Zucker dazugeben und karamellisieren. Mit dem Essig ablöschen und die Brühe angießen. Lorbeerblatt, Pfefferkörner, Wacholderbeeren, Gewürznelken, Salz und Thymian dazugeben und etwa 10 Minuten köcheln lassen.

3 Den Sellerie und den Lauch putzen, waschen und in etwa 5 cm lange Streifen schneiden. Die Möhre putzen, schälen und ebenfalls in etwa 5 cm lange Streifen schneiden. Die restliche Butter erhitzen und das Gemüse darin andünsten. Mit Salz würzen, mit etwas Sud ablöschen und vom Herd nehmen.

4 Etwas Öl in einer beschichteten Pfanne erhitzen. Die Fischfilets im Mehl wenden und auf beiden Seiten etwa 3 Minuten knusprig anbraten. In eine längliche Schüssel legen, das Gemüse auf dem Fisch verteilen und den warmen Sud darübergießen. Auskühlen lassen. Zugedeckt im Kühlschrank 1 bis 2 Tage durchziehen lassen. Den Liebstöckel über die Renken streuen.

5 Zum Servieren die Brötchen halbieren und auf der Schnittfläche toasten, mit den Renkenfilets und dem Gemüse belegen.

LACHSCARPACCIO
mit roh mariniertem Spargel

1 Für die Mayonnaise das Ei, das Eigelb und den Senf in einem hohen Rührbecher cremig aufschlagen. Das Öl langsam in einem dünnen Strahl unter Rühren dazugießen und weiterschlagen, bis die Mayonnaise dicklich ist. Mit Salz, Zucker und Cayennepfeffer würzen.

2 Für das Carpaccio das Lachsfilet waschen, trocken tupfen und in feine Scheiben schneiden. Das Olivenöl in einen tiefen Teller geben und mit Salz und Zitronensaft abschmecken. Die Lachsscheiben durch das Öl ziehen und auf einem großen Teller oder einer Platte anrichten.

3 Den Spargel schälen und die holzigen Enden abbrechen. Die Stangen längs in dünne Scheiben schneiden und in die Olivenöl-Zitronensaft-Marinade legen. Marinierte Spargelstreifen gitterförmig auf dem Lachs anrichten. Etwa 4 EL Mayonnaise darüber verteilen und mit Pfeffer würzen. Mit Kresse garnieren. Die restliche Mayonnaise ist abgedeckt im Kühlschrank etwa 2 Tage haltbar.

Zutaten für 4 Personen

Für die Mayonnaise:
- 1 sehr frisches Ei
- 1 sehr frisches Eigelb
- 1 EL Senf
- ½ l Öl
- Salz
- Zucker
- Cayennepfeffer

Für das Carpaccio:
- 400 g sehr frisches Lachsfilet
- 100 ml Olivenöl
- Salz
- Zitronensaft
- 4 Stangen weißer Spargel

Außerdem:
- Pfeffer aus der Mühle
- Kresse zum Garnieren

GEBRATENE GARNELEN
mit Apfel-Mango-Salat

Zutaten für 4 Personen

Für die Mayonnaise:
- 1 sehr frisches Ei
- 1 sehr frisches Eigelb
- 1 TL Senf
- 1 TL Wasabipaste (jap. Meerrettich) oder Meerrettich (aus dem Glas)
- ½ l Sonnenblumenöl
- Salz
- Zucker
- Cayennepfeffer

Für den Salat:
- 1 Mango (nicht zu reif)
- 1 säuerlicher Apfel
- 1 Stängel Zitronengras oder 1 Streifen Bio-Zitronenschale
- 50 g Zucker
- ½ Chilischote
- 2 EL Weißweinessig
- 1 Scheibe Ingwer
- Salz
- Cayennepfeffer

Für die Garnelen:
- 12 Garnelen (à ca. 80 g; ohne Kopf, mit Schale)
- Salz
- Worcestershiresauce
- 1 Eiweiß
- ca. 3 EL Mehl
- Panko (asiat. Paniermehl)
- Öl zum Braten

1 Für die Mayonnaise Ei, Eigelb, Senf und Wasabi in einem hohen Rührbecher cremig aufschlagen. Das Öl langsam in einem dünnen Strahl unter Rühren dazugießen und weiterschlagen, bis die Mayonnaise dicklich ist. Mit Salz, Zucker und Cayennepfeffer würzen.

2 Für den Salat die Mango schälen, das Fruchtfleisch auf den flachen Seiten vom Stein schneiden und in Streifen schneiden. Den Apfel schälen, vierteln und das Kerngehäuse entfernen. Die Viertel in Scheiben schneiden.

3 Vom Zitronengras die welken Außenblätter und die obere, trockene Hälfte entfernen. 100 ml Wasser mit Zucker, Chilischote, Essig, Zitronengras und Ingwer aufkochen und um ein Drittel reduzieren. Mit Salz und Cayennepfeffer würzen und durch ein Sieb gießen. Die Vinaigrette über die Apfel- und Mangoscheiben träufeln.

4 Für die Garnelen die Garnelen bis auf den Schwanzfächer schälen, am Rücken entlang einschneiden und den Darm entfernen. Die Garnelen waschen und trocken tupfen. Mit Salz und Worcestershiresauce würzen. Das Eiweiß verquirlen. Die Garnelen zuerst im Mehl wenden, dann durch das Eiweiß ziehen und zuletzt in dem Panko wälzen, Panko gut andrücken. Das Öl in einer beschichteten Pfanne erhitzen und die Garnelen darin auf jeder Seite 1 bis 2 Minuten goldbraun braten. Herausnehmen und auf Küchenpapier abtropfen lassen.

5 Den Apfel-Mango-Salat auf Teller verteilen und die Garnelen daneben anrichten. Mit der Mayonnaise servieren.

MARINIERTER THUNFISCH
mit Salat und Erdnüssen

Zutaten für 4 Personen

Für den Fisch:
- 600 g sehr frisches Thunfischfilet
- Meersalz
- Pfeffer aus der Mühle
- ½ TL Piment d'Espelette oder Chiliflocken
- ½ TL geriebener Ingwer
- ½ TL gemahlener Koriander
- ½ TL Currypulver

Für die Vinaigrette:
- 1 EL geriebener Ingwer
- 1 EL geriebene Schalotte
- 1 EL Austernsauce
- 1 EL Reisessig
- 60 ml Sonnenblumenöl
- 1 EL Sojasauce
- Saft von ½ Limette

Außerdem:
- 1 Handvoll kleine Salatblätter (z. B. Rucola, Frisée, Eichblatt)
- 2 Stiele Koriander
- 10 gehackte Erdnüsse

1 Für den Fisch den Thunfisch waschen und trocken tupfen. Die Gewürze im Mörser oder in der Küchenmaschine fein mahlen, den Thunfisch damit einreiben und in Backpapier einwickeln. Eine beschichtete Pfanne erhitzen und den Thunfisch darin an den vier Längsseiten etwa 2 Minuten anbraten. (Durch das Backpapier verbrennen die Gewürze nicht.) Herausnehmen und samt dem Backpapier in Frischhaltefolie wickeln. Beiseitestellen.

2 Für die Vinaigrette alle Zutaten miteinander verrühren. Den Thunfisch in etwa 1 cm dicke Scheiben schneiden. Die Vinaigrette auf einem Teller verteilen und den Thunfisch darin etwa 5 Minuten marinieren. Den Thunfisch in einer flachen Schüssel anrichten.

3 Den Salat verlesen, waschen und trocken schleudern. Den Koriander waschen, trocken tupfen und die Blätter abzupfen. Den Thunfisch mit den Salat- und den Korianderblättern sowie den Erdnüssen bestreuen und mit der restlichen Vinaigrette beträufeln.

LAUWARMES KALBSFILET

mit Kräutervinaigrette

Zutaten für 4 Personen

- 4 Radieschen
- Salz
- 4 Champignons
- 400 g Kalbsfilet
- 4 EL Olivenöl
- 1 EL Walnussöl
- Saft von ½ Zitrone
- Zucker
- Pfeffer aus der Mühle
- ½ Bund Schnittlauch
- je 1 EL gehackter Estragon, Kerbel und Petersilie
- 80 g Feldsalat
- Kürbiskernöl zum Beträufeln
- grobes Meersalz

1 Die Radieschen putzen, waschen und auf dem Gemüsehobel in dünne Scheiben schneiden. Mit etwas Salz würzen. Die Champignons putzen, trocken abreiben und in dünne Scheiben hobeln.

2 Das Kalbsfilet von Fett und Sehnen befreien und in etwa ½ cm dünne Scheiben schneiden. Falls die Scheiben zu dick geworden sind, zwischen zwei Lagen Frischhaltefolie legen und mithilfe eines Plattiereisens oder einer Kasserolle dünner klopfen.

3 Aus Olivenöl, Walnussöl, Zitronensaft, Salz, Zucker und Pfeffer eine Vinaigrette anrühren. Den Schnittlauch waschen, trocken tupfen und in feine Röllchen schneiden. Mit den anderen Kräutern zur Vinaigrette geben und in einem kleinen Topf erhitzen, aber nicht kochen lassen.

4 Die Kalbsfiletscheiben portionsweise etwa 2 Minuten in die warme Vinaigrette legen. Auf Tellern anrichten und mit der restlichen Vinaigrette beträufeln.

5 Den Feldsalat verlesen, waschen, trocken schleudern und mit den Radieschen- und Champignonscheiben auf dem Kalbsfilet verteilen. Mit einigen Tropfen Kürbiskernöl beträufeln und alles mit etwas Meersalz bestreuen.

GURKENSPAGHETTI-SALAT
mit Hendl und Sesamdressing

Zutaten für 4 Personen

Für den Salat:
- 2 Hähnchenbrustfilets (à ca. 150 g)
- 30 g kalte Butter
- 1 Zweig Thymian
- Salz
- Pfeffer aus der Mühle
- 1 Salatgurke
- 1 kleiner Romanasalat
- 1 Pak Choi
- 2 Frühlingszwiebeln
- 5 Stiele Koriander

Für das Dressing:
- 1 EL helle Sesamsamen
- ½ Chilischote
- 5 EL Olivenöl
- 2 EL geröstetes Sesamöl
- abgeriebene Schale und Saft von 1 Bio-Limette
- 2 TL Honig
- 1 TL Meersalz

1 Für den Salat die Hähnchenbrustfilets waschen, trocken tupfen, leicht plattieren und in einer beschichteten Pfanne ohne Fett auf jeder Seite etwa 4 Minuten braten. Kurz vor Ende der Garzeit die Butter und den Thymian dazugeben. Die Hähnchenbrustfilets mit Salz und Pfeffer würzen.

2 Die Gurke waschen und mit dem Julienneschneider längs in spaghettiartige Streifen schneiden.

3 Romanasalat und Pak Choi putzen, waschen und in einzelne Blätter teilen, die Herzen beiseitelegen. Die Frühlingszwiebeln putzen, waschen und in feine Ringe schneiden. Den Koriander waschen, trocken tupfen und die Blätter abzupfen.

4 Für das Dressing den Sesam in einer Pfanne ohne Fett rösten. Die Chilischote entkernen, waschen und in feine Streifen schneiden. Die restlichen Zutaten in einer Schüssel miteinander verrühren. Die Chilischote und etwas gerösteten Sesam dazugeben.

5 Die Gurkenspaghetti mit etwa zwei Dritteln des Dressings marinieren. Die Romanasalat- und Pak-Choi-Herzen hinzufügen.

6 Den restlichen Salat und Pak Choi grob hacken und mit den Frühlingszwiebeln in eine Schüssel geben. Mit dem übrigen Drittel des Dressings marinieren. Mit Salz und Pfeffer abschmecken.

7 Die Hähnchenbrustfilets in Scheiben schneiden. Die Salate und die Hähnchenscheiben auf Teller verteilen und die Gurkenspaghetti darauf anrichten. Mit dem restlichen Sesam und den Korianderblättern bestreut servieren.

AUS DEM TOPF

Der Hochdeutsche kocht im Kochtopf, die im platten Land im Pott und der Bayer in seinem Haferl. Und das schon seit Jahrtausenden. Warum? Weil so ein Topf immer schon praktisch war: Da kriegt man alle Zutaten rein und braucht auch nur eine Feuerstelle. Ob am Lagerfeuer oder im Foodtruck. Und zweitens ist so ein Schmorgericht aus dem Topf geschmacklich kaum zu schlagen, weil man darin große Mengen verarbeiten kann. Der Bachmeier sagt immer: Große Mengen, das bedeutet auch immer großer Geschmack. Da ist mehr wirklich auch mehr. Weniger werden beim Kochen im Topf nur der Stress und die Hektik. Für diese Art der Zubereitung muss man sich einfach Zeit nehmen. Wenn die Bohnensuppe oder die Tom Kha Gai vor sich hinköchelt, das Muschelragout duftend zieht oder die Schaschliksauce langsam Blasen bildet. Das entschleunigt und schmeckt auch noch. Das ist Bachmeiers Wellnessküche.

WEISSE-BOHNEN-SUPPE

mit Paprika-Chorizo-Toast

Zutaten für 4 Personen

Für die Suppe:

- 300 g getrocknete weiße Cannellini-Bohnen
- 1 Bouquet garni (1 Lorbeerblatt, 1 Möhre, 1 Stange Staudensellerie)
- ½ geschälte Zwiebel
- 2 EL Olivenöl
- 1 Scheibe geräucherter Bauchspeck (50 g)
- 1 kleiner Zweig Rosmarin
- Salz
- Pfeffer aus der Mühle
- Cayennepfeffer

Für den Toast:

- 4 Scheiben Weißbrot
- 1 gelbe Paprikaschote
- 1 rote Paprikaschote
- 120 g Chorizo
- 1 EL Olivenöl
- Basilikumblätter zum Garnieren

1 Für die Suppe die Bohnen über Nacht in Wasser einweichen.

2 Am nächsten Tag die Bohnen abgießen und in einem Topf gut mit Wasser bedecken. Das Bouquet garni und die Zwiebel dazugeben, das Wasser aufkochen (nicht salzen!) und die Bohnen etwa 1 Stunde weich garen. Danach das Bouquet garni herausnehmen und die Bohnen im Kochwasser mit dem Stabmixer fein pürieren. Falls die Suppe zu dick ist, noch etwas Wasser dazugeben.

3 Das Olivenöl in einer hohen Pfanne (Sauteuse) erhitzen, den Bauchspeck und den Rosmarin hineingeben. Die Bohnen dazugießen, noch einmal kurz köcheln lassen und mit Salz, Pfeffer und Cayennepfeffer abschmecken. Den Speck aus der Suppe nehmen und die Suppe durch ein Sieb passieren. 8 bis 10 Minuten weitergaren und nochmals mit dem Stabmixer aufmixen.

4 Für den Toast das Brot in dünne Rechtecke schneiden. Die Paprikaschoten längs halbieren, entkernen, waschen und in kleine Würfel schneiden. Die Chorizo fein würfeln. Das Olivenöl in einer beschichteten Pfanne erhitzen. Das Brot darin auf beiden Seiten anbraten, herausnehmen und auf Küchenpapier abtropfen lassen. Die Paprikawürfel und die Chorizo im in der Pfanne verbliebenen Olivenöl andünsten. Beiseitestellen und lauwarm halten.

5 Die Suppe aufmixen und in tiefen Tellern anrichten. Die Chorizo-Paprika-Mischung auf den Toastecken verteilen, mit Basilikum garnieren und zur Suppe reichen. Das übrige Olivenöl aus der Pfanne über die Suppe träufeln.

TOM KHA GAI
mit Austernpilzen

Zutaten für 4 Personen

- ½ l Hühnerbrühe
- ¼ l Kokosmilch
- 250 g Kokoscreme
- Salz
- 1 TL Palmzucker (ersatzweise brauner Zucker)
- 2 Stängel Zitronengras
- 3 Schalotten
- 4 rote Chilischoten (davon 2 zerdrückt)
- 100 g Galgant
- 2 geriebene Korianderwurzeln
- 3 Kaffir-Limettenblätter
- 100 g Hähnchenbrustfilet
- 100 g Austernpilze
- 3 EL Fischsauce
- Saft von 1 Limette
- 2 EL Korianderblätter
- Cayennepfeffer

1 Die Brühe, die Kokosmilch und die Kokoscreme in einen Topf geben und aufkochen. Mit Salz und Palmzucker würzen.

2 Vom Zitronengras die welken Außenblätter und die obere trockene Hälfte entfernen, die untere Hälfte fein hacken. Die Schalotten schälen und in feine Würfel schneiden. Die ganzen Chilischoten längs halbieren, entkernen, waschen und hacken. Die restlichen Chilischoten beiseitelegen. Den Galgant schälen und in Scheiben schneiden.

3 Zitronengras, Schalotten, geriebene Korianderwurzeln und gehackte Chili im Mörser vermahlen. Mit dem Galgant und den Limettenblättern in die Brühe geben und einige Minuten köcheln lassen.

4 Das Hähnchenbrustfilet waschen, trocken tupfen und in Streifen schneiden. Die Austernpilze putzen, trocken abreiben und in Streifen schneiden. Beides in die Brühe geben. Die Suppe vom Herd nehmen und die Hähnchenbruststreifen darin gar ziehen lassen.

5 In einer Servierschüssel Fischsauce, Limettensaft, zerdrückte Chilischoten und Korianderblätter mischen. Die Suppe dazugeben und alle Zutaten verrühren. Die Suppe mit Salz und Cayennepfeffer abschmecken.

KARTOFFELSUPPE
mit Debrecziner

1 Die Möhre und den Sellerie putzen bzw. schälen und in etwa ½ cm große Würfel schneiden. Den Lauch putzen, waschen, 50 g in etwa ½ cm große Stücke, den Rest in Ringe schneiden.

2 800 ml Wasser zum Kochen bringen. Das Lorbeerblatt und Salz dazugeben. Zuerst die Möhren- und Selleriewürfel hineingeben und etwa 2 Minuten bissfest garten. Die Lauchwürfel dazugeben und das Wasser noch einmal aufkochen. Die Gemüsewürfel herausnehmen und in Eiswasser abschrecken. Das Kochwasser aufheben.

3 Die Kartoffeln schälen, waschen und in Würfel schneiden. Die Zwiebel schälen und in Würfel schneiden. Die Butter in einem Topf erhitzen. Speck, Lauchringe, Zwiebel und Knoblauch darin andünsten. Die Kartoffeln dazugeben, andünsten und mit dem Kochwasser mitsamt dem Lorbeerblatt ablöschen. Alles etwa 20 Minuten köcheln lassen.

4 Speck, Lorbeerblatt und Knoblauch aus der Suppe nehmen. Die Suppe im Topf mit dem Stabmixer fein pürieren. Durch ein Sieb passieren und nochmals aufkochen. Die Sahne und die Crème fraîche einrühren und die Suppe mit Salz, Pfeffer und Muskatnuss abschmecken.

5 Die Debrecziner in etwa 1 cm dicke Scheiben schneiden und in einer beschichteten Pfanne ohne Fett leicht anbraten. Den Majoran und den Liebstöckel waschen und trocken tupfen, die Blätter abzupfen und den Liebstöckel hacken. Die Kräuter und die Gemüsewürfel zu den Wurstscheiben geben und kurz anrösten.

6 Die Würste mit dem Gemüse auf vorgewärmte tiefe Teller verteilen. Die Kartoffelsuppe dazugießen.

Zutaten für 4 Personen

- 50 g Möhre
- 50 g Knollensellerie
- 1 kleine Stange Lauch (ca. 150 g)
- 1 Lorbeerblatt
- Salz
- 300 g mehligkochende Kartoffeln
- 1 Zwiebel
- 30 g Butter
- 50 g geräucherter Bauchspeck
- 1 Knoblauchzehe (angedrückt)
- 100 g Sahne
- 50 g Crème fraîche
- Pfeffer aus der Mühle
- frisch geriebene Muskatnuss
- 4 Debrecziner Würste
- 1 Zweig Majoran
- 1 Stiel Liebstöckel

MUSCHELN
in Weißwein-Curry-Sud

Zutaten für 4 Personen

- 1 kg Miesmuscheln (z. B. Bouchot)
- 1 Stängel Zitronengras
- 1 kleines Stück Galgant
- 1 kleines Stück Ingwer
- 2 Knoblauchzehen
- 2 Schalotten
- 1 EL Öl
- 2 TL Madras-Currypulver
- 1 TL gelbe Thai-Currypaste (z. B. S. 44)
- 100 ml Weißwein
- 300 ml Gemüsebrühe oder Wasser
- 3 Stiele Thai-Basilikum oder Petersilie
- Saft von 2 Limetten
- Salz
- Pfeffer aus der Mühle

1 Die Miesmuscheln unter fließendem kaltem Wasser gründlich abbürsten und die Bärte der Muscheln entfernen. Geöffnete Muscheln aussortieren.

2 Vom Zitronengras die welken Außenblätter und die obere trockene Hälfte entfernen, die untere Hälfte in etwa 4 cm lange Stücke teilen. Den Galgant schälen und in dünne Scheiben schneiden. Den Ingwer, den Knoblauch und die Schalotten schälen und in feine Würfel schneiden.

3 Das Öl in einem Topf erhitzen. Ingwer-, Knoblauch- und Schalottenwürfel darin goldbraun anbraten. Galgant, Zitronengras, Currypulver und Currypaste dazugeben und kurz mitrösten. Die Muscheln hinzufügen und zugedeckt 3 bis 4 Minuten köcheln lassen. Mit Wein und Brühe oder Wasser aufgießen und nochmals etwa 5 Minuten köcheln lassen. Geschlossene Muscheln aussortieren.

4 Das Basilikum oder die Petersilie waschen, trocken tupfen und die Blätter abzupfen. Den Limettensaft zu den Muscheln geben. Die Muscheln im Topf lassen oder mit Sud auf Teller verteilen und mit den Kräutern bestreuen. Nach Geschmack mit Salz und Pfeffer würzen.

GRAUPENSUPPE
mit Bündnerfleisch

Zutaten für 4 Personen

- 50 g Möhre
- 50 g Lauch
- 50 g Knollensellerie
- 50 g Zwiebeln
- 50 g Bündnerfleisch (am Stück)
- 50 g Butter
- 100 g Graupen
- 1 ½ l Fleisch- oder Gemüsebrühe
- 1 Lorbeerblatt
- 1 Eigelb
- 100 g Sahne
- Salz
- Pfeffer aus der Mühle
- 2 EL Schnittlauchröllchen

1 Das Gemüse putzen, waschen bzw. schälen und in feine Würfel schneiden. Das Bündnerfleisch in feine Würfel schneiden.

2 Die Butter in einem Topf erhitzen und Möhre, Zwiebel und Sellerie darin andünsten. Die Graupen dazugeben und kurz mitdünsten. Das Bündnerfleisch dazugeben und ebenfalls mitdünsten. Mit der Brühe ablöschen, das Lorbeerblatt dazugeben und etwa 1 Stunde langsam sieden lassen, bis die Graupen weich sind.

3 Den Lauch in die Suppe geben und noch einmal aufkochen. Das Eigelb mit der Sahne verrühren und die Suppe damit binden. Nicht mehr kochen lassen. Bei Bedarf mit etwas Salz und Pfeffer abschmecken. Den Schnittlauch dazugeben und die Suppe in tiefen Tellern servieren.

Bachmeiers Tipp
Das Bündnerfleisch hat genug Salz und Würze, um der Suppe einen Grundgeschmack zu geben.

KÖNIGSBERGER KLOPSE
auf klassische Art

1 Das Hackfleisch in eine Schüssel geben. Das Weißbrot entrinden und in Wasser einweichen. Die Zwiebel schälen und in feine Würfel schneiden. Das Öl erhitzen und die Zwiebel darin andünsten. Auf Küchenpapier abtropfen und auskühlen lassen. Die Sardellenfilets abtropfen lassen und hacken.

2 Das Brot ausdrücken und mit Zwiebel, Sardellenfilets und Eiern unter das Hackfleisch kneten. Mit Salz, Pfeffer und Muskatnuss würzen. Aus der Masse etwa tischtennisballgroße Klopse formen.

3 Die Brühe aufkochen. Die Zwiebelhälfte schälen und das Lorbeerblatt mit den Gewürznelken darauf feststecken. In die Brühe legen. Die Pfeffer- und Pimentkörner dazugeben und die Klopse einlegen. Die Brühe einmal aufkochen und die Klopse bei schwacher Hitze etwa 15 Minuten gar ziehen lassen.

4 Die Klopse aus der Brühe nehmen. Die Brühe durch ein Sieb passieren und etwas abkühlen lassen. Die Butter in einem Topf zerlassen, das Mehl darin unter Rühren bei schwacher Hitze 2 bis 3 Minuten anschwitzen. Mit der Brühe ablöschen und die Sauce unter Rühren sämig einkochen lassen. Die Kapern mit der Flüssigkeit dazugeben. Mit Zitronensaft, Salz und weißem Pfeffer abschmecken.

5 Das Eigelb mit der Sahne verrühren und die Sauce binden. Jetzt darf die Sauce nicht mehr kochen. Zum Verfeinern die saure Sahne dazugeben. Die Klopse in die Sauce legen und bei schwacher Hitze vorsichtig erwärmen. Die Klopse auf Teller verteilen, die Sauce darübergeben und mit Schnittlauch bestreuen. Dazu passen am besten Salzkartoffeln, Rote Beten und/oder Salzgurken.

Zutaten für 4 Personen

- 250 g Rinderhackfleisch
- 250 g Kalbs- oder Schweinehackfleisch
- 2 dicke Scheiben Weißbrot
- 1 Zwiebel
- 1 EL Öl
- 30 g Sardellenfilets (in Öl)
- 2 Eier
- Salz
- Pfeffer aus der Mühle
- frisch geriebene Muskatnuss
- 1 l Fleischbrühe
- ½ Zwiebel
- 1 Lorbeerblatt
- 2 Gewürznelken
- 5 schwarze Pfefferkörner
- 5 Pimentkörner
- 60 g Butter
- 90 g Mehl
- 1 kleines Glas Kapern (ca. 50 g)
- Saft von 1 Zitrone
- weißer Pfeffer aus der Mühle
- 1 Eigelb
- 100 g Sahne
- 100 g saure Sahne
- 1 EL Schnittlauchröllchen

JAKOBSMUSCHELN

mit Speck, Hummus und Brunnenkresse

Zutaten für 4 Personen

Für den Hummus:

- 250 g getrocknete Kichererbsen
- 1 TL Natron
- 1 Lorbeerblatt
- 1 TL gemahlener Kreuzkümmel
- 250 g Tahin (Sesampaste)
- 3 Knoblauchzehen
- 1 TL Meersalz
- abgeriebene Schale und Saft von 2 Bio-Zitronen
- 100 ml Olivenöl

Außerdem:

- 8 Jakobsmuscheln (frisch in der Schale oder tiefgefroren, nicht in Lake!)
- Olivenöl zum Braten
- Salz
- 25 g Butter
- je 1 Zweig gehackter Thymian und Rosmarin
- 1 Knoblauchzehe (angedrückt)
- 8 dünne Scheiben Lardo (ital. fetter Speck)
- 100 g Brunnenkresseblätter

1 Am Vortag die Kichererbsen in Wasser einweichen. Am nächsten Tag das Wasser abgießen, die Kichererbsen in einen Topf geben und mit Wasser bedecken. Natron und Lorbeerblatt dazugeben und die Kichererbsen bei mittlerer Hitze etwa 45 Minuten köcheln lassen.

2 Die gegarten Kichererbsen abgießen, dabei die Häfte vom Kochwasser auffangen. Die Kichererbsen mit kaltem Wasser abspülen. In einem Topf ohne Fett den Kreuzkümmel vorsichtig erhitzen. Das Tahin und die Kichererbsen hinzufügen und mit etwas Kochwasser ablöschen.

3 Den Knoblauch schälen und mit dem Meersalz und der Zitronenschale im Mörser zu einer Paste verarbeiten. Die Knoblauchpaste zu den Kichererbsen geben. Den Zitronensaft hinzufügen und alles mit dem Stabmixer fein pürieren. Bei Bedarf mit etwas Kochwasser verdünnen. Das Olivenöl unterrühren und den Hummus warm halten.

4 Die Jakobsmuscheln unter fließendem kaltem Wasser gründlich abbürsten. Die Muscheln mit der gewölbten Seite nach unten auf ein Küchentuch legen und in die Hand nehmen. Mit einem kurzen, stabilen Messer am Schalenrand entlangfahren, dabei den Muskel durchtrennen. Den Deckel abheben, das Fleisch mit dem Messer von der Schale lösen und herausheben. Das weiße Muskelfleisch und den orangefarbenen Rogen (Corail) von den grauen Rändern befreien. Fleisch und ggf. den Rogen gründlich waschen und trocken tupfen.

5 Das Olivenöl in einer Pfanne erhitzen. Die Jakobsmuscheln und ggf. den Rogen darin auf jeder Seite etwa 1 Minute anbraten, salzen. Butter, gehackte Kräuter und Knoblauch dazugeben, kurz bräunen.

6 Den Hummus auf Teller verteilen und die Jakobsmuscheln darauf anrichten. Je 1 Scheibe Lardo auf jede Jakobsmuschel legen und die Kresse darüberstreuen. Die Jakobsmuscheln mit etwas gebräunter Butter aus der Pfanne beträufeln. Besonders dekorativ sieht es aus, wenn man das Gericht in den gesäuberten Muschelhälften anrichtet.

MEZZI RIGATONI
mit Polpette in Tomatensauce

Zutaten für 4 Personen

Für die Sauce:
- 1 Schalotte
- 1 kleine Chilischote
- 3 EL Olivenöl
- 1 Knoblauchzehe (angedrückt)
- 1 EL Zucker
- 350 g passierte Tomaten
- 1 Stiel Petersilie
- Salz
- Pfeffer aus der Mühle

Für die Polpette:
- 3 Scheiben Weißbrot
- 2–3 Stiele Petersilie
- 500 g gemischtes Hackfleisch (2/3 Rind, 1/3 Schwein)
- 1 Ei
- Salz
- Pfeffer aus der Mühle
- frisch geriebene Muskatnuss
- 70 g geriebener Parmesan
- evtl. etwas Milch

Außerdem:
- 400 g Mezzi Rigatoni
- Salz
- 4 Basilikumblätter zum Garnieren

1 Für die Sauce die Schalotte schälen und in feine Würfel schneiden. Die Chilischote längs halbieren, entkernen, waschen und fein hacken. Das Olivenöl in einem Topf erhitzen und die Schalotte, die Chilischote und den Knoblauch darin andünsten. Mit dem Zucker bestreuen und leicht karamellisieren. Mit den passierten Tomaten ablöschen und etwa 100 ml Wasser dazugeben. Den Petersilienstiel dazugeben und die Sauce etwa 30 Minuten köcheln lassen.

2 Für die Polpette das Weißbrot entrinden und kurz in Wasser einweichen. Gut ausdrücken. Die Petersilie waschen und trocken tupfen, die Blätter abzupfen und fein hacken. Das Hackfleisch mit Ei, Brot, Petersilie, Salz, Pfeffer, Muskatnuss und Parmesan kräftig verkneten. Falls die Masse zu trocken ist, etwas Milch dazugeben. Aus dem Fleischteig mit den Händen kleine Bällchen formen.

3 Die Petersilie und den Knoblauch aus der Sauce nehmen. Die Sauce mit Salz und Pfeffer abschmecken. Die Polpette in die Sauce geben und bei schwacher Hitze etwa 20 Minuten darin köcheln lassen. Falls die Sauce zu dick wird, etwas Wasser nachgießen.

4 Die Rigatoni in reichlich kochendem Salzwasser nach Packungsanweisung bissfest garen. In ein Sieb abgießen und auf tiefe Teller verteilen. Die Tomatensauce mit den Polpette darübergeben. Mit je 1 Basilikumblatt garniert servieren.

PENNE
mit grünem Pesto

1 Für das Pesto den Blattspinat verlesen und waschen, grobe Stiele entfernen. Den Spinat ganz kurz in kochendem Wasser blanchieren. Abgießen, in Eiswasser abschrecken und sehr gut ausdrücken.

2 Das Basilikum waschen und trocken schütteln, die Blätter abzupfen und grob hacken. Den Knoblauch schälen und in feine Würfel schneiden. Die Pinienkerne in einer beschichteten Pfanne ohne Fett goldbraun rösten.

3 Den Knoblauch mit dem Meersalz im Mörser zu einer Paste zerdrücken. Dann nacheinander Spinat, Basilikum, Pinienkerne sowie beide Käsesorten dazugeben. Immer wieder etwas Olivenöl dazugießen, damit die Mischung sich gut verrühren lässt. Wenn alle Zutaten eingearbeitet sind, das restliche Olivenöl bis zur gewünschten Konsistenz einrühren (oder alle Zutaten in einen Rührbecher geben und mit dem Stabmixer fein pürieren).

4 Die Penne in reichlich kochendem Salzwasser nach Packungsanweisung bissfest garen.

5 In eine hohe Pfanne 4 gute EL Pesto und etwas Nudelkochwasser geben. Die Nudeln abgießen, tropfnass in die Pfanne geben, kurz durchschwenken und nach Belieben mit Meersalz abschmecken. Restliches Pesto aufbewahren (siehe Tipp).

Zutaten für 4 Personen

Für das Pesto:

- 50 g Blattspinat
- 150 g Basilikum
- 4 Knoblauchzehen
- 60 g Pinienkerne
- 10 g grobes Meersalz
- 40 g geriebener Pecorino
- 80 g geriebener Parmesan
- ca. ¼ l Olivenöl

Außerdem:

- 400 g Penne Rigate
- Salz

Bachmeiers Tipp

Zum längeren Aufbewahren des Pestos eine Messerspitze Ascorbinsäure (Vitamin C) dazugeben – so ist es im Einweckglas bis zu 2 Wochen haltbar – und kräftig unterrühren. Dadurch wird das Pesto nicht grau. Vitamin C gibt es in der Apotheke.

SAUERKRAUTKNÖDEL

mit Butter-Petersilien-Böseln

Zutaten für 4 Personen

Für die Knödel:

- ca. 600 g mehligkochende Kartoffeln
- 1 Ei
- 75 g Speisestärke
- 75 g Mehl
- 50 g weiche Butter
- Salz

Für das Kraut:

- 25 g Zwiebel
- 80 g geräucherter Bauchspeck (Wammerl)
- 1 mittelgroße mehligkochende Kartoffel
- 25 g Grammeln (Grieben)
- 25 g Schmalz
- 200 g Sauerkraut
- 100 ml Weißwein oder Apfelsaft
- 2 Wacholderbeeren
- ½ TL ganzer Kümmel
- 1 Lorbeerblatt
- 3 schwarze Pfefferkörner
- 2 Gewürznelken
- Gemüse- oder Hühnerbrühe zum Aufgießen

Für die Brösel:

- 100 g Butter
- 100 g Weißbrotbrösel
- 50 g gehackte Petersilie
- Salz
- Pfeffer aus der Mühle

1 Den Backofen auf 150 °C vorheizen. Für die Knödel die Kartoffeln mit der Schale gründlich waschen und auf einem Backblech im Ofen etwa 1 Stunde backen.

2 Für das Kraut die Zwiebel schälen und in feine Würfel schneiden. Den Speck in kleine Würfel schneiden. Die Kartoffel schälen, waschen und in Würfel schneiden. Die Grammeln und das Schmalz in einem Topf erhitzen. Den Speck und die Zwiebel dazugeben und andünsten. Die Kartoffel dazugeben und farblos andünsten.
Das Kraut hinzufügen und mit dem Wein oder Apfelsaft ablöschen. Die ganzen Gewürze in ein Säckchen füllen, zum Kraut geben und mit so viel Brühe aufgießen, dass das Kraut leicht bedeckt ist. Das Kraut weich garen, bis fast keine Flüssigkeit mehr vorhanden ist.

3 Die Kartoffeln aus dem Ofen nehmen, möglichst heiß pellen und etwa 10 Minuten ausdampfen lassen. Dann zweimal durch die Kartoffelpresse in eine Schüssel drücken. Ei, Speisestärke, Mehl und die Butter dazugeben. Alles gründlich mischen und mit 1 Prise Salz würzen (die Masse sollte sich trocken anfühlen. Je nach Kartoffelsorte evtl. etwas Speisestärke hinzufügen.).

4 Den Kartoffelteig auf der bemehlten Arbeitsfläche zu einer etwa 5 cm dicken Rolle formen und in etwa 1 cm dicke Scheiben schneiden. Die Scheiben jeweils flach drücken, etwas Sauerkraut darauflegen und Knödel formen. In einem großen Topf Salzwasser zum Kochen bringen. Die Knödel hineinlegen und bei schwacher Hitze etwa 20 Minuten ziehen lassen.

5 Für die Brösel die Butter in einer Pfanne aufschäumen, die Weißbrotbrösel und die Petersilie darin anrösten. Mit Salz und Pfeffer würzen.

6 Die Knödel herausheben und abtropfen lassen. Das übrige Sauerkraut auf Teller verteilen und die Knödel darauf anrichten. Mit den Butter-Petersilien-Böseln bestreuen.

DIM SUM VOM ZANDER

mit Ingwer-Mirin-Dip

Zutaten für 4 Personen

Für die Dim Sum:

- 1 Zanderfilet (ca. 400 g)
- Salz
- frisch geriebene Muskatnuss
- Cayennepfeffer
- ca. 100 g eiskalte Sahne
- 16 Wan-Tan-Teigblätter (9 x 9 cm)
- 1 EL Chiliflocken
- 1 Eiweiß
- 2 Bananenblätter (passend zugeschnitten für den Bambusdämpfer)
- Öl zum Bestreichen

Für den Dip:

- 50 ml Sojasauce
- 50 ml Mirin (Reiswein)
- 50 ml Reisessig
- ½ TL fein gehackter Ingwer
- fein gehacktes Grün von ½ Frühlingszwiebel

1 Für die Dim Sum das Zanderfilet waschen, trocken tupfen und eventuell vorhandene Gräten entfernen. 300 g Filet in 16 Würfel (2,5 x 2,5 cm) schneiden und bis zur Verwendung in den Kühlschrank stellen. Den Rest (etwa 100 g) klein schneiden und etwa 30 Minuten ins Tiefkühlfach stellen.

2 Das eiskalte Zanderfilet mit Salz, Muskatnuss und Cayennepfeffer würzen. Mit dem Stabmixer fein pürieren, dabei nach und nach die Sahne dazugeben, bis die Farce zu glänzen beginnt. Bei Bedarf durch ein Sieb streichen.

3 Die Wan-Tan-Blätter ausbreiten und die Farce darauf verstreichen. Dabei rundum etwa 1 cm frei lassen. Die Zanderwürfel mit Salz und Chiliflocken würzen und auf die Farce setzen. Das Eiweiß mit etwas Wasser verquirlen. Die Teigränder damit bestreichen, die Teigblätter aufrollen, wie Bonbons an den Seiten zusammendrehen und fest verschließen.

4 Einen Topf zu einem Drittel mit Wasser füllen und aufkochen. Einen Bambusdämpfer auf den Topf stellen, die Bananenblätter hineinlegen und mit dem Öl bestreichen. Die Dim Sum auf die Bananenblätter setzen und den Dämpfer verschließen. Die Temperatur etwas reduzieren, damit das Wasser nur leicht köchelt. Die Dim Sum etwa 8 Minuten garen.

5 Für den Dip die Sojasauce, den Mirin und den Reisessig verrühren. Den Ingwer und die Frühlingszwiebel untermischen. Die Dim Sum auf Teller verteilen und mit etwas Dip beträufeln. Den übrigen Dip dazu servieren.

KOHLRABIGEMÜSE

mit Kartoffeln und Brätnockerln

1 Die Kartoffeln schälen, waschen und vierteln. Von dem Kohlrabi das Grün abschneiden und die kleinen Blätter für später beiseitelegen. Den Kohlrabi schälen, erst vierteln, dann die Viertel nochmals halbieren. Die Schalotten schälen und vierteln.

2 Die Butter in einem Topf erhitzen und die Schalotten darin andünsten. Die Kartoffelviertel und die Kohlrabiachtel hinzufügen und andünsten. Mit Salz und Muskatnuss würzen. Mit dem Wein ablöschen. Die Brühe, 250 g Sahne und das Lorbeerblatt dazugeben und alles bei mittlerer Hitze etwa 20 Minuten köcheln lassen.

3 Das Kalbsbrät im Küchenmixer mit der restlichen Sahne pürieren. Mit Cayennepfeffer, Muskatnuss und Salz würzen. Aus der Masse Nockerl abstechen und zum Kartoffel-Kohlrabi-Gemüse geben. Die Sauce einmal aufkochen und die Brätnockerl zugedeckt 5 bis 7 Minuten gar ziehen lassen.

4 Das Kohlrabigrün fein schneiden und untermischen. Das Gericht auf Teller verteilen, mit Pfeffer bestreuen und sofort servieren.

Zutaten für 4 Personen

- 4 vorwiegend festkochende Kartoffeln (200 g)
- 2 Kohlrabi mit Grün
- 4 Schalotten
- 80 g Butter
- Salz
- frisch geriebene Muskatnuss
- 50 ml Weißwein
- ¼ l Gemüsebrühe
- 300 g Sahne
- 1 Lorbeerblatt
- 250 g Kalbsbrät
- Cayennepfeffer
- Pfeffer aus der Mühle

HÜHNERCURRY

mit gelber Currypaste

Zutaten für 4 Personen

Für das Curry:

- 400 g Fleisch von der Hühnerkeule (ohne Haut und Knochen)
- 1 EL gehackter Ingwer
- 1 EL gehackter Knoblauch
- Salz
- 625 g Kokoscreme
- 4 mittelgroße vorwiegend festkochende Kartoffeln
- 1 l Kokosmilch
- Salz
- 4 Thai-Auberginen
- 1 EL Palmzucker
- 2 EL Fischsauce
- 1 Frühlingszwiebel
- 1 Bund Thai-Basilikum
- 125 g frittierte Schalotten (aus dem Asialaden)

Für die Currypaste:

- 1 EL geröstete Korianderkörner
- 1 TL weiße Pfefferkörner
- 6–10 getrocknete Chilischoten (entkernt, eingeweicht und abgetropft)
- 1 TL Meersalz
- 1 EL gehackte Kurkuma
- 4 EL gehackte Schalotten
- 3 EL gehackter Knoblauch
- 1 gehackte Korianderwurzel

1 Am Vortag für das Curry das Hähnchenfleisch waschen und trocken tupfen. Ingwer, Knoblauch, Salz und 125 g Kokoscreme zu einer Paste verarbeiten und das Hühnerfleisch damit marinieren. Abdecken und kühl stellen.

2 Am nächsten Tag für die Currypaste die Korianderkörner im Mörser zerstoßen, dann die Pfefferkörner dazugeben. Die restlichen Zutaten hinzufügen und alles zu einer feinen Paste verarbeiten.

3 Für das Curry die Kartoffeln schälen, waschen, vierteln und in ¾ l Kokosmilch und 1 Prise Salz weich garen. Die Auberginen putzen, waschen und halbieren. Nach etwa 10 Minuten zu den Kartoffeln geben und mitgaren.

4 Das Hühnerfleisch in einer Mischung aus 250 g Kokoscreme und der restlichen Kokosmilch 5 bis 6 Minuten garen.

5 Die restliche Kokoscreme in einem kleinen Topf erhitzen, bis sie sich absetzt. Die Currypaste darin unter ständigem Rühren bei mittlerer Hitze mindestens 5 Minuten garen – nicht anbrennen lassen! Wenn sich die Paste absetzt, mit Palmzucker abschmecken und rühren, bis er sich aufgelöst und Farbe angenommen hat. Die Fischsauce dazugeben und aufkochen.

6 Die Paste über das Hühnerfleisch geben. Die Kartoffeln und Auberginen aus der Kokosmilch nehmen und vorsichtig unter das Curry mischen. Ein paar Minuten ruhen lassen. Die Frühlingszwiebel putzen, waschen und fein schneiden. Das Basilikum waschen, trocken tupfen und die Blätter abzupfen. Beides unter das Curry heben. Das Curry auf Schüsseln oder Teller verteilen und mit den frittierten Schalotten bestreuen. Dazu passt am besten Duftreis.

SCHASCHLIK
mit Tomatensauce

Zutaten für 12 Stück

Für die Gewürzmischung:
- 1 EL ganzer Kümmel
- 1 EL schwarze Pfefferkörner
- 1 getrocknete Chilischote
- 3 zerbröselte Lorbeerblätter
- 1 EL Paprikapulver (edelsüß)
- Salz

Für die Spieße:
- 600 g Schweinenacken (ohne Knochen)
- 400 g geräucherter Bauchspeck
- 1 Kalbsniere (evtl. vorbestellen)
- 4 weiße Zwiebeln
- 2 rote Paprikaschoten
- 2 EL Olivenöl
- 1 EL Madras-Currypulver
- 1 EL Currypulver „Jaipur“
- 75 ml Apfelsaft
- 300 ml Tomatenketchup
- 1 TL Worcestershiresauce
- 2 EL scharfer Senf
- 75 ml Coca-Cola
- 50 ml Einlegesud von Gewürzgurken
- Salz
- Öl zum Braten

1 Für die Gewürzmischung Kümmel, Pfefferkörner, Chilischote und Lorbeerblätter in einer Pfanne ohne Fett anrösten. Abkühlen lassen, mit dem Paprikapulver und 1 EL Salz im Mörser fein zerstoßen und in eine Schüssel geben.

2 Für die Spieße den Schweinenacken in etwa 4 cm große Würfel schneiden. Den Speck in 4 cm große und etwa 1 cm dicke Stücke schneiden. Die Niere putzen, waschen, trocken tupfen und in Stücke schneiden. Zwei Zwiebeln schälen und in Spalten schneiden. Die Paprikaschoten längs halbieren, entkernen, waschen und in gleich große Stücke schneiden.

3 Das Fleisch, die Zwiebelspalten und die Paprika in der Gewürzmischung wenden und 4 bis 5 Stunden marinieren.

4 Die restlichen Zwiebeln schälen, in feine Würfel schneiden und in einem Topf im Olivenöl andünsten. Mit beiden Sorten Currypulver bestreuen und kurz mitrösten. Mit Saft ablöschen, Ketchup, Worcestershiresauce, Senf, Cola und Gurkensud dazugeben. Alles mit Salz würzen. Die Sauce etwa 5 Minuten sämig einkochen lassen.

5 Den Backofen auf 180 °C vorheizen. Das Fleisch abwechselnd mit Zwiebelspalten, Paprikastücken, Bauchspeck und Nierenscheiben auf Spieße stecken. Im Schmortopf oder in einer Pfanne im Öl rundum scharf anbraten, in eine Auflaufform geben und die Sauce darübergießen. Die Form fest mit Alufolie oder einem Deckel verschließen und die Schaschlikspieße im Ofen etwa 1 ½ Stunden schmoren, dabei nach etwa 1 Stunde die Folie bzw. den Deckel entfernen.

6 Schaschlikspieße auf Teller verteilen und mit der Sauce anrichten. Gebackene Kartoffelspalten, eine Semmel oder Baguette passen sehr gut dazu.

RAGOUT
von der Hühnerleber mit Apfel

1 Die Kartoffeln mit der Schale gründlich waschen und in Salzwasser weich garen. Die Kartoffeln abgießen, ausdampfen lassen und möglichst heiß pellen. Je nach Größe halbieren oder vierteln.

2 Die Hähnchenlebern häuten, putzen, waschen und trocken tupfen. Den Speck in Streifen (etwa 5 x ½ cm) schneiden. Die Schalotten schälen und vierteln. Die Äpfel waschen, vierteln und die Kerngehäuse entfernen. Viertel nochmals halbieren. Den Thymian und den Majoran waschen, trocken tupfen und die Blättchen abzupfen, nicht mischen.

3 In einer Pfanne 1 EL Öl erhitzen. Den Speck darin anrösten. Die Schalotten dazugeben und anbraten. Die Äpfel dazugeben und mitbraten. Die Kartoffeln untermischen. Mit 1 Prise Zucker karamellisieren und mit der Hälfte des Portweins ablöschen. 1 EL Essig dazugeben, mit der Brühe aufgießen und bei mittlerer Hitze etwa 5 Minuten köcheln lassen.

4 Die Hähnchenlebern im Mehl wenden. Das restliche Öl in einer beschichteten Pfanne erhitzen, die Lebern hineingeben und kurz anbraten. Den Thymian und den Knoblauch dazugeben und 1 bis 2 Minuten braten. Die Lebern wenden und 2 Minuten weiterbraten. Mit Salz und Pfeffer würzen. Mit dem restlichen Portwein und dem übrigen Essig ablöschen.

5 Die Lebern zu dem Kartoffel-Apfel-Gemüse geben und alles bei mittlerer Hitze ziehen lassen, bis die Sauce bindet. Das Ragout auf Teller verteilen, mit dem Majoran und dem Liebstöckel bestreuen und mit Pfeffer würzen. Dazu passt Kartoffelpüree oder Röstkartoffeln.

Zutaten für 4 Personen

- 150 g Kartoffeln (z. B. La Ratte oder Grenaille)
- Salz
- 600 g Hähnchenlebern
- 100 g geräucherter Bauchspeck
- 4 Schalotten
- 2 säuerliche Äpfel
- 1 Zweig Thymian
- 1 Zweig Majoran
- 2 EL Öl
- Zucker
- 100 ml Portwein
- 2 EL Aceto balsamico
- 100 ml Hühnerbrühe
- Mehl zum Wenden
- 1 Knoblauchzehe (angedrückt)
- Salz
- Pfeffer aus der Mühle
- 1 EL gehackter Liebstöckel

HUHN MARENGO

mit Flusskrebsen und pochiertem Ei

Zutaten für 4 Personen

Für das Huhn:

- 12 Perlzwiebeln
- 6 reife Tomaten
- 1 Poularde (ca. 1 ½ kg; küchenfertig)
- Salz
- Pfeffer aus der Mühle
- 2 EL Olivenöl
- 50 g Butter
- Mehl zum Bestäuben
- 12 Champignons
- 2 Knoblauchzehen
- 1 TL Tomatenmark
- 5 EL Cognac
- 100 ml Weißwein
- 200 ml Geflügelfond
- 1 Bouquet garni (aus 2 Lorbeerblättern, 1 Stiel Petersilie und je 1 Zweig Thymian und Rosmarin)

Für die Eier und die Flusskrebse:

- 4 EL Weißweinessig
- 4 Eier
- 1 EL Olivenöl
- 2 EL Butter
- 1 Zweig Thymian
- 8 gekochte Flusskrebse (ausgelöst)
- Salz
- 1 EL gehackte Petersilie

1 Die Perlzwiebeln etwa 6 Stunden in Wasser legen. Abgießen, schälen und auf ein Tuch legen. Die Tomaten kreuzweise einritzen, überbrühen, häuten, vierteln und entkernen.

2 Die Poularde waschen, trocken tupfen und in 8 Teile zerlegen. Mit Salz und Pfeffer kräftig würzen. Olivenöl und Butter im Schmortopf erhitzen. Das Fleisch mit Mehl bestäuben und darin rundum anbraten. Die Champignons putzen. Den Knoblauch schälen. Zwiebeln, Knoblauch und Pilze zum Fleisch geben und anbraten. Perlzwiebeln und Champignons wieder herausnehmen und beiseitelegen.

3 Das Tomatenmark in das Bratfett geben und leicht anrösten. Das Fleisch mit dem Cognac flambieren. Die Bruststücke aus dem Topf nehmen und beiseitelegen. Die Tomaten dazugeben und mitbraten, bis sich der Bratensatz gelöst hat. Mit dem Wein und dem Fond ablöschen, das Bouquet garni hinzufügen und alles zugedeckt bei mittlerer Hitze etwa 20 Minuten schmoren. Bruststücke, Perlzwiebeln und die Pilze wieder dazugeben und etwa 15 Minuten schmoren, bis die Hähnchenteile gar sind.

4 Inzwischen 1 l Wasser und den Essig in einem Topf aufkochen. Die Eier einzeln in eine Tasse schlagen und in das knapp siedende Wasser gleiten lassen, dabei vorsichtig das Eiweiß mit zwei Löffeln über das Eigelb ziehen. Die Eier 3 bis 4 Minuten ziehen lassen. Mit dem Schaumlöffel herausheben und in lauwarmes Salzwasser legen.

5 Die Hähnchenteile aus dem Topf nehmen. Die Sauce durch ein Sieb passieren, nach Bedarf mit Salz und Pfeffer abschmecken und zu den Hähnchenteilen geben. Warm halten.

6 Das Olivenöl erhitzen und die Butter darin aufschäumen. Vom Herd ziehen. Thymian und Flusskrebse dazugeben und bei schwacher Hitze erwärmen. Leicht salzen. Je 2 Hühnerteile (Brust und Keule) auf Teller verteilen. Die Eier und die Flusskrebse darauf anrichten und mit der Sauce übergießen. Mit Petersilie garnieren.

STAUB
LA COCOTTE

AUS PFANNE & WOK

Vom Wok bin ich ganz hin und wok! Alles ist auf den Punkt so gegart, wie es sein muss, weil man mit unterschiedlichen Temperaturen arbeiten kann. Das Gemüse ist resch, das Fleisch zart durchgebraten. Und alles schmeckt auf den Punkt genau so, wie es schmecken muss. So ein Wok ist das vielseitigste Küchengerät, das es gibt. Ein Multitalent! Aus einem Stück Metall (heute meistens Edelstahl) gefertigt, ist er Pfanne, Fritteuse, Dünstgerät und Topf in einem. Kein Wunder, dass der Wok in allen Garküchen Asiens im Einsatz ist. Von Japan bis Korea, von China über Indonesien bis hin nach Thailand. In der deutschen Küche arbeiten wir lieber mit der Pfanne, die ist uns vertrauter, und wer richtig damit umgeht, kann, mit ihr fast so arbeiten wie mit dem Wok. Und jetzt heißt es: Auf die Pfanne, fertig, los!

MAKRELE

auf Kartoffel-Kräuter-Ragout

Zutaten für 4 Personen

- 2 mittelgroße festkochende Kartoffeln
- 2 Knoblauchzehen
- 2 Schalotten
- 100 ml Olivenöl
- Salz
- frisch geriebene Muskatnuss
- 4 Makrelenfilets (à ca. 150 g)
- 1 EL gehackte Petersilie
- je 1 EL gehackter Kerbel und Dill

1 Die Kartoffeln schälen, waschen und in etwa ½ cm große Würfel schneiden. Den Knoblauch und die Schalotten schälen und in feine Würfel schneiden. Das Olivenöl in einer Pfanne erhitzen und die Knoblauch- und Schalottenwürfel darin andünsten. Die Kartoffelwürfel dazugeben und ebenfalls andünsten. Mit ½ l Wasser aufgießen und auf die Hälfte einkochen lassen. Falls die Flüssigkeitsmenge zu gering wird, etwas Wasser angießen. Die Kartoffeln mit Salz und Muskatnuss würzen.

2 Die Makrelenfilets waschen und trocken tupfen. Die Filets halbieren und die gehackten Kräuter zu den Kartoffeln geben. Fischfilets 3 bis 4 Minuten gar ziehen lassen.

3 Die Makrelen aus dem Ragout nehmen. Das Kartoffel-Kräuter-Ragout auf Teller verteilen, die Makrelenfilets darauf anrichten und die übrigen Kräuter daraufstreuen.

FISCHPFLANZERL

nach Eckart Witzigmann mit Bratkartoffelsalat

Zutaten für 4 Personen

Für den Salat:

- 400 g festkochende Kartoffeln (z. B. Linda)
- Salz • 1 Stiel Petersilie
- 1 EL ganzer Kümmel
- 1 rote Zwiebel • 2 EL Öl
- 1 Frühlingszwiebel
- Pfeffer aus der Mühle
- frisch geriebene Muskatnuss • 50 g kalte Butter
- 20 g Zucker
- 4 EL Rotweinessig
- 1 TL scharfer Senf

Für die Fischpflanzerl:

- 250 g Kabeljaufilet
- ¼ l Milch • 1 Lorbeerblatt
- 1 Zweig Thymian • Salz
- Pfeffer aus der Mühle
- 250 g Tiefseekrabbenfleisch • 1 Schalotte
- 1 Frühlingszwiebel
- ½ Stange Staudensellerie
- 20 g Butter • 1 EL Currypulver • 1 EL geriebener Ingwer • 1 EL Dijon-Senf
- 2 EL Mayonnaise
- 1 Eigelb • 50 g Weißbrotbrösel
- 3 EL Schnittlauchröllchen
- Cayennepfeffer
- Worcestershiresauce
- Tabasco • 3 EL Olivenöl

1 Für den Salat die Kartoffeln mit der Schale gründlich waschen und in Salzwasser mit Petersilie und Kümmel weich garen. Abgießen, ausdampfen lassen und heiß pellen. Auskühlen lassen.

2 Für die Fischpflanzerl das Kabeljaufilet waschen und trocken tupfen. Die Milch mit Lorbeerblatt, Thymian, Salz und Pfeffer aufkochen. Den Fisch darin etwa 6 Minuten pochieren. Herausheben und abkühlen lassen. Eventuell vorhandene Gräten entfernen. Den Fisch zerpflücken und in eine Schüssel geben. Das Krabbenfleisch abspülen, trocken tupfen, zerkleinern und dazugeben.

3 Die Schalotte schälen und in feine Würfel schneiden. Die Frühlingszwiebel und den Sellerie putzen, waschen und in feine Ringe bzw. Würfel schneiden. Die Butter erhitzen und das Gemüse darin dünsten. Currypulver und Ingwer dazugeben und alles abkühlen lassen. Das Gemüse unter die Fisch-Krabben-Mischung rühren.

4 Senf, Mayonnaise, Eigelb und Weißbrotbrösel dazugeben und alles gut verrühren. Den Schnittlauch untermischen. Mit Salz, Pfeffer, Cayennepfeffer, Worcestershiresauce und Tabasco abschmecken. Etwa 30 Minuten zugedeckt im Kühlschrank ruhen lassen.

5 Die Kartoffeln in feine Scheiben schneiden. Die Zwiebel schälen und in feine Scheiben schneiden. Das Öl in einer Pfanne erhitzen und beides darin anbraten. Die Frühlingszwiebel putzen, waschen und in feine Ringe schneiden. Die Kartoffeln ab und an wenden und mit Salz, Pfeffer und Muskatnuss würzen. Die kalte Butter dazugeben. Die Kartoffeln goldbraun braten, mit Zucker bestreuen und karamellisieren. Mit Essig ablöschen. Die Frühlingszwiebel dazugeben, alles durchschwenken und mit dem Senf würzen.

6 Aus der Fischmasse mit angefeuchteten Händen 8 Pflanzerl formen und in einer Pfanne im Olivenöl auf beiden Seiten bei schwacher Hitze 5 bis 6 Minuten anbraten. Die Fischpflanzerl mit dem Bratkartoffelsalat auf Tellern anrichten. Dazu passt Remoulade.

ZANDER

mit Pfirsich, Chorizo und Bohnen

1 Die Bohnen putzen, waschen, klein schneiden und in kochendem Wasser etwa 1 Minute blanchieren. In ein Sieb abgießen und abtropfen lassen.

2 Die Schalotten schälen und in feine Würfel schneiden. Die Pfirsiche waschen, halbieren, den Stein entfernen und das Fruchtfleisch in kleine Würfel schneiden. Die Chorizo ebenfalls in kleine Würfel schneiden. In einer Kasserolle 1 EL Olivenöl erhitzen und die Schalotten und die Chorizo darin anbraten. Mit der Beurre blanc ablöschen. Die Bohnen dazugeben und aufkochen.

3 Die Zanderfilets waschen, trocken tupfen und die Haut mehrmals einritzen. Mit Salz und Pfeffer würzen. Das restliche Olivenöl in einer beschichteten Pfanne erhitzen, den Zander mit der Hautseite nach unten hineinlegen und etwa 4 Minuten braten. Wenden. Thymian, Knoblauch und die kalte Butter dazugeben. Den Fisch damit immer wieder beträufeln und etwa weitere 3 Minuten braten.

4 Die Pfirsiche kurz vor dem Servieren zu der Bohnen-Chorizo-Mischung geben. Nicht mehr kochen lassen. Auf Teller verteilen und die Zanderfilets darauf anrichten.

Zutaten für 4 Personen

- 300 g breite grüne Bohnen
- 4 Schalotten
- 2 flache Weinbergpfirsiche
- 3 Scheiben Chorizo (10 cm Durchmesser, ca. ½ cm dick)
- 3 EL Olivenöl
- 4 EL Beurre blanc (siehe Tipp)
- 4 Zanderfilets (mit Haut; à ca. 150 g)
- Salz
- Pfeffer aus der Mühle
- 1 Zweig Thymian
- 1 Knoblauchzehe (angedrückt)
- 20 g kalte Butter

Bachmeiers Tipp

Für eine Beurre blanc (weiße Buttersauce) 2 Schalotten schälen und in Würfel schneiden. Die Schalotten in etwas Butter in einem Topf andünsten. Mit 100 ml trockenem Weißwein, 100 ml Fischfond und 2 EL Essig ablöschen. Bei starker Hitze rasch aufkochen und reduzieren lassen. Durch ein Sieb in einen anderen Topf geben. Auf 60 bis 70 °C erhitzen. Nach und nach 160 g eiskalte Butter (in Scheiben) einrühren, bis die Sauce bindet. Nicht mehr kochen lassen. Die Sauce mit einigen Tropfen Essig, Salz und Pfeffer abschmecken und mit dem Stabmixer aufschlagen. Kurz vor dem Servieren 1 EL geschlagene Sahne unterziehen. Diese klassische französische Sauce passt gut zu Fisch und hellem Geflügel.

DREIERLEI SATÉSPIESSE

mit Erdnussdip

Zutaten für 4 Personen

Für den Dip:

- 160 g ungesalzene Erdnüsse
- 1 Zwiebel
- 2 Knoblauchzehen
- 2 EL Öl
- 1 TL Currypulver
- 1 TL Chilipulver
- 1 TL gemahlener Kreuzkümmel
- 2 TL geriebener Ingwer
- 3 EL brauner Zucker
- 400 ml Kokosmilch
- 1 EL Zitronensaft
- 1 Stiel Koriander

Für die Hähnchenspieße:

- 1 Hähnchenbrustfilet (ca. 160 g)
- 1 Knoblauchzehe
- 150 g Naturjoghurt
- abgeriebene Schale und Saft von 1 Bio-Limette
- 1 geriebene Korianderwurzel
- gemahlener Kreuzkümmel
- Salz
- Paprikapulver
- 4 Stängel Zitronengras
- 1 EL Sesamöl

1 Für den Dip die Erdnüsse in einer Pfanne ohne Fett anrösten und auskühlen lassen. Im Küchenmixer fein zerkleinern. Die Zwiebel und den Knoblauch schälen und in feine Würfel schneiden.

2 Das Öl in einem Topf erhitzen und die Zwiebel und den Knoblauch darin andünsten. Curry, Chili, Kreuzkümmel und Ingwer dazugeben und kurz mitdünsten. Den braunen Zucker und die Erdnüsse dazugeben. Mit der Kokosmilch auffüllen und etwa 5 Minuten kochen, bis die Sauce die gewünschte Konsistenz hat. Mit Zitronensaft und nach Belieben mit etwas Salz abschmecken. Wer die Sauce cremig mag, im Küchenmixer pürieren und durch ein Sieb streichen. Den Koriander waschen und trocken tupfen, die Blätter abzupfen, hacken und auf den Dip streuen.

3 Für die Hähnchenspieße das Fleisch waschen, trocken tupfen und in 4 etwa 10 x 2 cm große Streifen schneiden. Den Knoblauch schälen und in feine Würfel schneiden. Den Joghurt, den Knoblauch, Limettenschale und -saft, Korianderwurzel, 1 Prise Kreuzkümmel, Salz und Paprikapulver verrühren. Das Fleisch 4 bis 5 Stunden darin marinieren.

4 Inzwischen für die Lammspieße (siehe S. 58) das Hackfleisch in eine Schüssel geben. Das halbe Brötchen in kaltem Wasser einweichen. Zwiebel und Knoblauch schälen, in feine Würfel schneiden und zum Fleisch geben. Das Brötchen gut ausdrücken, ebenfalls dazugeben und alles verkneten. Die Korianderwurzel in das Hackfleisch reiben. Mit Kreuzkümmel, Ras-el-Hanout, Chiliflocken, Salz und Pfeffer würzen. Die Masse etwa 30 Minuten ruhen lassen.

5 Für die Garnelenspieße die Garnelen bis auf den Schwanzfächer schälen, am Rücken entlang einschneiden und den Darm entfernen. Die Garnelen waschen, trocken tupfen und einzeln auf Zitronengras aufspießen. Das Rezept geht weiter auf S. 58.

Fortsetzung von S. 56

Für die Lammspieße:

- 200 g Lammhackfleisch
- ½ Brötchen
- 1 kleine Zwiebel
- 1 Knoblauchzehe
- 1 Korianderwurzel
- ½ TL gemahlener Kreuzkümmel
- 1 Msp. Ras-el-Hanout
- ½ TL Chiliflocken
- Salz
- Pfeffer aus der Mühle
- 4 Stängel Zitronengras
- 1 EL Öl

Für die Garnelenspieße:

- 4 große Garnelen (mit Kopf und Schale)
- 4 Stängel Zitronengras
- 75 g brauner Zucker
- 3 EL Fischsauce
- 2 TL Öl
- 2 TL fein gehackter Knoblauch
- 1 fein gehackte Schalotte
- ½ TL geschroteter Pfeffer
- 2 TL Chiliöl
- 2 Frühlingszwiebeln (in 2 cm lange Röllchen geschnitten)

6 Braunen Zucker, Fischsauce und 75 ml Wasser in einem kleinen Topf kochen lassen, bis sich der Zucker aufgelöst hat.

7 Aus dem Lammhackfleisch 4 gleichmäßige Rollen formen und je 1 Stängel Zitronengras längs in der Mitte durchstecken. Das Öl in einer Pfanne oder im Wok erhitzen und die Spieße darin rundum knusprig anbraten. Dann bei reduzierter Hitze ziehen lassen, bis das Fleisch durch ist (dauert etwa 5 Minuten).

8 Das Hähnchenfleisch aus der Marinade nehmen und etwas abtupfen. Jeden Fleischstreifen zuerst ziehharmonikaartig auf einen Schaschlikspieß stecken, wieder herunterziehen und auf 1 Stängel Zitronengras stecken, dabei die durch den Spieß entstandenen Löcher nutzen. Das Sesamöl in einer beschichteten Pfanne oder im Wok erhitzen und die Spieße darin rundum 3 bis 4 Minuten braten.

9 Das Öl für die Garnelen in einer Pfanne oder im Wok erhitzen. Den Knoblauch und die Schalotte darin anbraten. Garnelenspieße, Pfeffer, 2 EL Karamell-Fisch-Sauce und das Chiliöl hinzufügen. Die Frühlingszwiebeln dazugeben und etwa 2 Minuten braten, bis der Karamell die Garnelen überzogen hat.

10 Alle Spieße auf einer Platte anrichten. Den Erdnussdip von S. 56 extra dazu servieren (Bild S. 57).

ASIA-SALAT
mit Sobanudeln und Gemüse

1 Möhre, Frühlingszwiebeln, Zuckerschoten, Pak Choi, Paprika und Kohl putzen, schälen bzw. waschen und in Streifen oder Ringe schneiden, den Rotkohl raspeln. Die Zwiebel und den Knoblauch schälen und in feine Würfel schneiden. Die Chilischoten entkernen, waschen und in Scheiben schneiden.

2 Die Tomaten kreuzweise einritzen, überbrühen, häuten, vierteln, entkernen und in Würfel schneiden. Die Zucchini putzen, waschen und mit dem Julienneschneider wie Spaghetti längs in dünne Streifen schneiden. Den Koriander mit den Wurzeln waschen, trocken tupfen und Wurzel und Koriandergrün getrennt fein hacken.

3 Die Sobanudeln in reichlich Salzwasser nach Packungsanweisung etwa 5 Minuten garen.

4 Inzwischen das Sesamöl und das Olivenöl im Wok erhitzen. Zuerst die Cashewkerne darin anrösten. Dann Möhre, Zwiebel, Knoblauch, Frühlingszwiebeln und Rotkohl dazugeben und andünsten. Danach Paprika, Zuckerschoten, Chili, Pak Choi, Tomaten und Zucchini hinzufügen und alles unter ständigem Schwenken etwa 5 Minuten garen. Immer wieder etwas Nudelkochwasser und zuletzt die Korianderwurzel untermischen.

5 Die Nudeln abgießen und sofort heiß in den Wok geben. Alle Zutaten kräftig durchschwenken, damit sie sich mischen. Mit Sojasauce, Limettensaft, Fischsauce und Salz abschmecken und mit dem Koriandergrün bestreut servieren.

Zutaten für 2 Personen

- 1 Möhre
- 2 Frühlingszwiebeln
- 100 g Zuckerschoten
- 100 g Pak Choi
- 100 g rote Paprikaschote
- 50 g Rotkohl
- 1 rote Zwiebel
- 1 Knoblauchzehe
- 1–2 rote Chilischoten
- 2 Tomaten
- 1 Zucchini
- 1 Bund Koriander mit Wurzeln
- 150 g Sobanudeln
- Salz
- 1 EL Sesamöl
- 2 EL Olivenöl
- 20 g Cashewkerne
- 2–3 EL Sojasauce
- Saft von 1 Limette
- 1 EL Fischsauce

RINDFLEISCHSALAT
mit Tomate, Spinat und Ananasketchup

Zutaten für 4 Personen

Für das Ketchup:
- 1 Ananas
- 15 g Ingwer
- 1 Sternanis
- ½ rote Chilischote
- 100 ml Weißweinessig
- 50 g Zucker
- Salz
- 25 g Gelierzucker (2:1)

Für den Salat:
- 1 Stängel Zitronengras
- 1 Knoblauchzehe
- 4 Chilischoten
- 3 Kaffir-Limettenblätter
- 2 TL Meersalz
- 1 TL Zucker
- Saft von 2 Limetten
- 2 EL Fischsauce
- 400 g Rinderfiletspitzen oder Kopf vom Rinderfilet
- 4 Schalotten
- 16 Cocktailtomaten
- 300 g Babyspinat
- 2 EL Öl
- 1 Handvoll Minze- und Korianderblätter

1 Für das Ketchup die Ananas schälen, vierteln und den harten Strunk herausschneiden. Das Fruchtfleisch in feine Würfel schneiden. Den Ingwer schälen und in Scheiben schneiden. 150 ml Wasser aufkochen. Ingwer, Sternanis und Chilischote dazugeben und 10 Minuten zugedeckt kochen lassen. Den Essig, den Zucker und 1 Prise Salz hinzufügen. Die Ananas und den Gelierzucker dazugeben und alles weitere 10 Minuten köcheln lassen. Mit dem Stabmixer pürieren und eventuell durch ein Sieb streichen. Das Ananasketchup in Schraubgläser füllen und kühl stellen.

2 Für den Salat vom Zitronengras die welken Außenblätter und die obere trockene Hälfte entfernen, die untere Hälfte fein schneiden. Den Knoblauch schälen. Die Chilischoten längs halbieren, entkernen, waschen und klein schneiden. Die Kaffir-Limettenblätter in Streifen schneiden. Alle vorbereiteten Zutaten mit dem Meersalz und dem Zucker im Mörser zu einer Paste verarbeiten. Den Limettensaft und die Fischsauce unterrühren. Das Rinderfilet in etwa ½ cm breite Streifen schneiden. Mit der Hälfte der Marinade würzen und etwa 10 Minuten ziehen lassen.

3 Die Schalotten schälen und in Streifen schneiden. Die Cocktailtomaten waschen und halbieren. Den Spinat verlesen, waschen und trocken schleudern. Das Öl in einer Pfanne oder dem Wok erhitzen und die Schalotten darin anbraten. Die Rindfleischstreifen dazugeben und scharf anbraten. Die Cocktailtomaten hinzufügen und kurz erwärmen.

4 Das Rindfleisch mit den Tomaten in eine Schüssel geben. Den Spinat untermischen und den Salat mit der restlichen Marinade beträufeln. Die Minze- und Korianderblätter darüberstreuen und das Ananasketchup dazu servieren.

GEDÄMPFTE DORADE

asiatisch mit gebratenen Nudeln

Zutaten für 4 Personen

Für den Fisch:

- 4 küchenfertige Doraden (à 350 g)
- Salz

Für die Sauce:

- 2 Schalotten
- 30 g Ingwer
- 1 rote Chilischote
- 100 ml Raps- oder Sonnenblumenöl
- 100 ml Sojasauce
- 1 Spritzer Reisessig
- abgeriebene Schale und Saft von 1 Bio-Limette

Für die Nudeln:

- 2 Frühlingszwiebeln
- 1 Paprikaschote
- 50 g Sojasprossen
- 1 Knoblauchzehe
- 4 Stiele Koriander
- 2 EL Sesamöl
- 400 g chinesische Eiernudeln
- Salz

1 Für den Fisch die Doraden waschen, trocken tupfen und auf jeder Seite bis zur Mittelgräte einschneiden. Mit Salz würzen und locker in Backpapier einschlagen. Die Doraden in einem Bambusdämpfer oder im Dämpfer etwa 20 Minuten garen.

2 Für die Sauce die Schalotten schälen und in feine Streifen schneiden. Den Ingwer waschen und ungeschält in dünne Scheiben schneiden. Die Chilischote entkernen, waschen und in feine Ringe schneiden. Das Öl erhitzen und den Ingwer darin anbraten. Die Schalotten und die Chilischote dazugeben, kurz anbraten und mit der Sojasauce ablöschen. Mit dem Reisessig abschmecken. Die Limettenschale und den -saft dazugeben.

3 Für die Nudeln die Frühlingszwiebeln waschen und in feine Streifen schneiden. Die Paprikaschote mit dem Sparschäler schälen, längs halbieren, entkernen und in feine Streifen schneiden. Die Sojasprossen heiß abbrausen und abtropfen lassen. Den Knoblauch schälen und in feine Würfel schneiden. Den Koriander waschen und trocken tupfen, die Blätter abzupfen und fein hacken.

4 Das Sesamöl in einer Pfanne oder im Wok leicht erhitzen. Frühlingszwiebeln, Paprika und Knoblauch darin andünsten. Die Sojasprossen dazugeben und alles etwa 3 Minuten dünsten.

5 Die Nudeln in kochendem Salzwasser nach Packungsanweisung garen. Abgießen, dabei etwas Kochwasser auffangen. Die Nudeln tropfnass unter das Gemüse mischen. Falls nötig, etwas Kochwasser dazugeben. Die Hälfte der Korianderblätter unterrühren.

6 Die gedämpften Doraden auf Tellern anrichten und mit dem restlichen Koriander bestreuen. Die Sauce darübergießen und die Gemüsenudeln dazu servieren.

LINSEN-ZUCCHINI-CURRY

mit Spitzkohl und Spinat

1 Für das Curry die Zwiebel und den Knoblauch schälen und in feine Würfel schneiden. Den Ingwer schälen und fein reiben.

2 Für die Gewürzmischung die Kardamomkapseln aufbrechen und die Samen herausholen. Mit den restlichen Gewürzen im Mörser oder in der Küchenmaschine fein mahlen. Alle Zutaten in einer tiefen Pfanne oder im Wok ohne Fett rösten. Dabei aufpassen, dass die Gewürze nicht anbrennen.

3 Das Sesamöl, die Zwiebel und den Knoblauch dazugeben und darin andünsten. Den Ingwer dazugeben und kurz andünsten. Die Linsen und die Gewürzmischung hinzufügen, mit der Brühe und der Kokosmilch ablöschen und etwa 10 Minuten köcheln lassen.

4 Die Zucchini putzen, waschen und in etwa 2 cm große Würfel schneiden. Den Spitzkohl putzen, waschen und in Rauten schneiden. Beide Gemüse zu den Linsen geben und weitere 10 Minuten köcheln lassen.

5 Den Spinat verlesen, waschen und trocken schleudern, grobe Stiele entfernen. Den Koriander waschen, trocken tupfen und die Blätter abzupfen. Den Spinat unter das Curry rühren. Mit Salz, Pfeffer und Limettenschale sowie -saft würzen. Die Korianderblätter unterheben und das Curry servieren. Dazu passen Kartoffeln.

Zutaten für 4 Personen

Für die Gewürzmischung:

- 4 grüne Kardamomkapseln
- 1 TL Senfsamen
- 1 TL ganzer Kreuzkümmel
- 2 TL Fenchelsamen
- 2 EL Korianderkörner
- 1 Zimtsplitter
- 1 getrocknete Chilischote
- 4 Gewürznelken

Für das Curry:

- 1 Zwiebel
- 2 Knoblauchzehen
- 50 g Ingwer
- 1 EL Sesamöl
- 250 g rote Linsen
- 600 ml Gemüsebrühe
- 400 ml Kokosmilch
- 500 g Zucchini (alternativ Kürbis)
- 100 g Spitzkohl
- 100 g Blattspinat
- 1 Bund Koriander
- Salz
- Pfeffer aus der Mühle
- abgeriebene Schale und Saft von 1 Bio-Limette

GEFÜLLTER CAMEMBERT

mit Birnen und Speckkaramell

Zutaten für 4 Personen

- 50 g durchwachsener Speck
- 50 g Zwiebel
- 1 EL Öl
- 4 Camemberts (à 125 g)
- 50 g Mehl
- 50 g Weißbrotbrösel
- 2 Eigelb
- 4 EL Butterschmalz
- 1 Birne
- 2 EL Zucker
- 20 g Butter
- 6 EL Weißwein
- Salz

1 Den Speck in feine Würfel schneiden. Die Zwiebel schälen und ebenfalls in feine Würfel schneiden. Das Öl in einer beschichteten Pfanne erhitzen, die Speckwürfel dazugeben und leicht anbraten. Nach etwa ½ Minute die Zwiebel hinzufügen und knusprig braten. Herausnehmen, auf Küchenpapier entfetten und auskühlen lassen.

2 Die Camemberts waagerecht halbieren, zwei Drittel der Speck-Zwiebel-Mischung auf den unteren Hälften verteilen und die oberen Hälften wieder darauflegen. Etwas zusammendrücken. Das Mehl und die Weißbrotbrösel jeweils in tiefe Teller geben. Die Eigelbe in einem tiefen Teller verquirlen. Die Camemberts zuerst im Mehl wenden, dann durch das Eigelb ziehen und zuletzt in den Weißbrotbröseln wenden. Den Vorgang noch einmal wiederholen.

3 Das Butterschmalz in einer Pfanne erhitzen und die Camemberts auf beiden Seiten goldgelb backen. Herausnehmen und etwa 3 Minuten ruhen lassen, dabei warm halten.

4 Inzwischen die Birne waschen, vierteln und das Kerngehäuse entfernen. Die Birnenviertel nochmals halbieren. Den Zucker in einer Pfanne karamellisieren. Die Birnenscheiben hineinlegen und einmal wenden. Die Butter dazugeben, schmelzen und mit dem Wein ablöschen.

5 Den Wein kurz einkochen lassen und die restliche Speck-Zwiebel-Mischung dazugeben. Birne mit etwas Salz würzen.

6 Die Camemberts auf Tellern anrichten. Die Birnenspalten dazugeben und mit dem Speckkaramell garnieren.

KARTOFFELPUFFER
mit Apfelmus

Zutaten für 4 Personen

Für das Apfelmus:
- 1 kg Äpfel (mildsäuerlich; z. B. Elstar oder Boskop)
- 1 Bio-Zitrone
- 1 Zimtstange
- 100 g Zucker

Für die Kartoffelpuffer:
- 600 g festkochende Kartoffeln
- 2 Zwiebeln
- 3 Eier
- Salz
- Pfeffer aus der Mühle
- frisch geriebene Muskatnuss
- 4 EL Öl zum Braten

1 Für das Apfelmus die Äpfel schälen, vierteln und die Kerngehäuse entfernen. Die Apfelviertel in kleine Stücke schneiden und in einen Topf geben. Die Zitrone heiß waschen, trocken reiben und dünn schälen. Den Saft auspressen. Die Zitronenschale und den Saft zu den Äpfeln geben. Die Zimtstange, etwa 50 ml Wasser und den Zucker dazugeben und alles langsam aufkochen. Zugedeckt bei mittlerer Hitze etwa 20 Minuten köcheln lassen.

2 Die Zitronenschale und den Zimt aus dem Apfelmus nehmen. Das Apfelmus stückig belassen oder nach Wunsch fein mixen.

3 Für die Kartoffelpuffer die Kartoffeln schälen, waschen und fein reiben. Die Zwiebeln schälen, fein reiben und zu den Kartoffeln geben. Beides mischen, in ein Tuch geben und die Flüssigkeit herauspressen, bis die Masse trocken ist. Die Eier leicht verquirlen und untermischen. Mit Salz, Pfeffer und Muskatnuss würzen.

4 Das Öl in einer beschichteten Pfanne erhitzen. Aus der Kartoffelmasse etwa 1 cm dicke und 8 bis 10 cm große Kartoffelpuffer (Reiberdatschi) formen. Im Öl etwa 5 Minuten kross ausbraten, dabei einmal wenden.

5 Die Kartoffelpuffer auf Teller verteilen und mit dem Apfelmus servieren.

SCHWEINEFILET
auf Gorgonzola-Rösti

1 Das Schweinefilet in dünne Scheiben schneiden. Die Frühlingszwiebeln putzen und waschen. 2 EL Öl in einer Pfanne erhitzen und das Fleisch darin auf jeder Seite kräftig anbraten. Die Kräuterzweige, den Knoblauch und die Frühlingszwiebeln kurz mitbraten.

2 4 EL Olivenöl auf einen flachen Teller geben und die Fleischscheiben, Kräuter und Knoblauch hineinlegen. Mit Salz und Pfeffer würzen. Die Frühlingszwiebeln beiseitelegen.

3 Die Kartoffeln schälen, waschen und auf der Gemüsereibe raspeln. Die Raspel in einem Tuch gut ausdrücken. Mit Salz, Pfeffer und Muskatnuss würzen. Das restliche Öl in einer großen beschichteten Pfanne erhitzen. Aus der Kartoffelmasse 4 Rösti zubereiten. Dafür die Masse in 4 gleich große Portionen teilen, in die Pfanne geben, etwas flach drücken und 3 bis 4 Minuten braten. Die Rösti wenden, die Butter dazugeben und die Rösti etwa weitere 4 Minuten braten.

4 Das Schweinefilet und den Gorgonzola abwechselnd auf den Rösti verteilen und mit dem restlichen Olivenöl beträufeln. Je 1 Frühlingszwiebel dekorativ darauf anrichten.

Zutaten für 4 Personen

- 700 g Schweinefilet
- 4 Frühlingszwiebeln
- 4 EL Öl
- 1 Zweig Rosmarin
- 1 Zweig Thymian
- 1 Knoblauchzehe (angedrückt)
- 5 EL Olivenöl
- Salz
- Pfeffer aus der Mühle
- 400 g festkochende Kartoffeln
- frisch geriebene Muskatnuss
- 20 g kalte Butter
- 200 g Gorgonzola

RINDERFILET STROGANOFF

mit Wildreispflanzerln

Zutaten für 4 Personen

Für die Pflanzerl:

- 100 g Wildreis
- Salz
- 100 g Basmatireis
- 2 Eiweiß
- 4 EL Olivenöl

Für das Stroganoff:

- 600 g Rinderfiletspitzen
- 2 Schalotten
- 1 Rote Bete (gegart)
- 250 g Champignons
- 3–4 Cornichons
- 3 EL Öl
- 20 g Butter
- 100 ml Weißwein
- 200 ml Gemüsebrühe
- 2 EL Gurkensud
- 200 g Sahne
- 1 EL Senf
- Salz
- Pfeffer aus der Mühle

1 Für die Pflanzerl den Wildreis in 600 ml kochendes Salzwasser geben und 5 Minuten garen. Den Basmatireis dazugeben und weitere 30 Minuten garen. Beide Reissorten sollten weich sein.

2 Den Reis in ein Sieb abgießen und kalt abschrecken. Etwas trocknen lassen, dann in eine Schüssel geben. Die Eiweiße zu steifem Schnee schlagen und unterheben. Falls nötig, etwas salzen.

3 Für das Stroganoff das Fleisch in Würfel schneiden. Die Schalotten schälen und in Streifen schneiden. Die Rote Bete in Würfel schneiden. Die Champignons putzen, trocken abreiben und in Würfel schneiden. Die Cornichons in feine Streifen schneiden.

4 Das Öl in einer Pfanne erhitzen. Die Rinderfiletspitzen darin scharf anbraten. Herausnehmen und warm halten.

5 Das Fett aus der Pfanne entfernen und die Butter darin aufschäumen. Die Schalotten darin andünsten, die Pilze dazugeben und mit dem Wein ablöschen. Brühe, Gurkensud und Sahne dazugeben und auf ein Drittel einkochen lassen. Den Senf einrühren. Falls die Sauce noch zu flüssig ist, mit Speisestärke oder Mehlbutter binden.

6 Die Rote Bete und die Cornichons in die Sauce geben. Das Fleisch mit Salz und Pfeffer würzen und dazugeben.

7 Das Olivenöl in einer beschichteten Pfanne erhitzen. Aus der Reismasse mit einem Esslöffel kleine Portionen abstechen, in das Öl geben, flach drücken (etwa 1 cm) und auf beiden Seiten braten, bis sie goldgelb sind. Die Pflanzerl aus der Pfanne nehmen und auf Küchenpapier abtropfen lassen. Fertige Pflanzerl warm halten. Das Rinderfilet Stroganoff auf den Wildreispflanzerln anrichten.

KALBSSTEAK
mit Zitronen-Kapern-Sauce

Zutaten für 4 Personen

- ¼ l Kalbsfond
- 2 Bio-Zitronen
- 1 Zucchini
- 3 EL Olivenöl
- Salz
- Pfeffer aus der Mühle
- 4 Tomaten
- 8 Kalbsschnitzel (à 120 g)
- ca. 40 g Mehl
- 100 ml Weißwein
- 50 g kalte Butter
- 20 Kapern
- 16 Basilikumblätter

1 Den Kalbsfond in einem Topf ohne Deckel auf 100 ml einkochen lassen. Eine Zitrone heiß waschen, trocken reiben und in dünne Scheiben schneiden, die andere Zitrone auspressen.

2 Die Zucchini putzen, waschen und längs in dünne Scheiben hobeln. In einer beschichteten Pfanne 1 EL Olivenöl erhitzen und die Zucchinischeiben darin goldgelb braten. Mit Salz und etwas Pfeffer würzen.

3 Die Tomaten kreuzweise einritzen, überbrühen, häuten, halbieren, entkernen und in Würfel schneiden.

4 Die Kalbsschnitzel im Mehl wenden und überschüssiges Mehl abklopfen. Das restliche Olivenöl in einer großen Pfanne erhitzen und das Fleisch darin in 2 Portionen bei starker Hitze auf jeder Seite scharf anbraten. Herausnehmen und mit Salz und Pfeffer würzen. Die Zitronenscheiben kurz im Bratensatz anbraten, dann herausnehmen.

5 Den Bratensatz mit dem Wein ablöschen, den Kalbsfond und den Zitronensaft dazugeben und kurz einkochen lassen. Die Sauce mit der kalten Butter binden.

6 Die Zitronenscheiben, die Tomaten und die Kapern in die Sauce geben. Die Schnitzel einlegen und die Sauce noch einmal kurz aufkochen. Das Basilikum klein schneiden und dazugeben.

7 Die Schnitzel mit den Zitronen auf Teller verteilen und mit der Sauce beträufeln. Die Zucchini mithilfe einer Gabel oder Pinzette aufrollen und daneben anrichten. Dazu passt Weißbrot.

TIROLER GRÖSTL

mit Kalbstafelspitz

Zutaten für 4 Personen

- 400 g Kalbstafelspitz
- 400 g gegarte festkochende Kartoffeln
- 4 Scheiben geräucherter Bauchspeck
- 2 Schalotten
- 1 EL Butterschmalz
- Salz
- gemahlener Kümmel
- etwas Senf
- ca. 40 g Mehl
- 1 Frühlingszwiebel
- 1 Zweig Majoran
- 4 Eier
- Pfeffer aus der Mühle

1 Den Kalbstafelspitz von eventuell vorhandenen Sehnen und Häuten befreien. Das Fleisch der Länge nach halbieren und gegen die Faser in dünne Scheiben schneiden.

2 Die Kartoffeln pellen und in dünne Scheiben schneiden. Den Speck in Streifen schneiden. Die Schalotten schälen und in Streifen schneiden. Das Butterschmalz in einer großen beschichteten Pfanne erhitzen und die Schalotten darin etwas anbraten. Die Speckstreifen dazugeben und weiterbraten, bis der Speck gebräunt ist. Die Kartoffeln hinzufügen, mit Salz und Kümmel würzen. Bei mittlerer Hitze langsam braten.

3 Die Fleischscheiben auf einer Seite mit Salz würzen und dünn mit Senf bestreichen. Im Mehl wenden und überschüssiges Mehl abklopfen.

4 Die Kartoffeln in der Pfanne zur Seite schieben. Die Fleischscheiben daneben portionsweise auf der Senfseite anbraten. Wenn alle Fleischscheiben angebraten sind, Kartoffeln und Fleisch in der Pfanne durchschwenken.

5 Die Frühlingszwiebel putzen, waschen und klein schneiden. Den Majoran waschen, trocken tupfen und die Blätter abzupfen. Frühlingszwiebel und Majoran zu dem Gröstl geben.

6 Das Gröstl gleichmäßig in der Pfanne verteilen. Auf je ein Viertel ein Ei schlagen und das Eiweiß stocken lassen. Mit Pfeffer würzen. Das Gröstl in der Pfanne servieren.

Bachmeiers Tipp
Bei größeren Portionen gerne auch zwei Pfannen verwenden. Danach alles zusammen in eine Pfanne geben und servieren.

OFENGERICHTE

Wenn man einen Braten in die Röhre schiebt oder was Ofenfrisches auf dem Teller hat – da riecht man doch schon förmlich die feinen Röstaromen, die durch die Küche ziehen. Früher hat man ja alles im Holzofen gemacht, und von daher gibt es die Niedrigtemperatur-Methode schon seit Urzeiten. Der Schweinsbraten zum Beispiel, den hat die Bäuerin noch vor dem Kirchgang ins Röhrl geschoben, a paar Holzscheite ins Feuer gelegt, und nach dem Beten und Ratschen war der Schweinsbraten auch schon fertig. Neben sanftem Garen kann man im Ofen auch bekömmlicher und fettärmer kochen. Probieren Sie meine Spareribs, die sind so leicht, da brauchen Sie nicht gleich einen Schnaps. Man kann im Rohr backen, so wie zum Beispiel meine Spargelquiche, oder Kartoffeln gratinieren, eine Pizza oder einen Strudel machen. Mit einem Ofen, da schauen Sie küchentechnisch nie mit dem Ofenrohr ins Gebirge.

FRÜHLINGSROLLEN

vietnamesische Art

Zutaten für 4 Personen

Für die Frühlingsrollen:

- 30 g Glasnudeln
- 5 Shiitake-Pilze
- 5 Champignons
- 1 rote Zwiebel • 1 Möhre
- 10 Stangen Thaispargel
- 200 g Garnelenfleisch
- 125 g Schweinehackfleisch
- 50 g Sojasprossen
- 2 EL Fischsauce
- 1 EL fein gehackter Knoblauch
- 1 TL weißer Pfeffer aus der Mühle
- 1 TL Zucker
- ½ TL Meersalz
- 1 Ei
- 16 Blätter Reispapier (20 cm Durchmesser)
- Salatblätter zum Anrichten

Für den Dip:

- 3 EL ungesalzene Erdnüsse
- 1 rote Chilischote
- 125 g Zucker
- 70 ml Reisessig
- 3 EL Fischsauce
- 1 TL fein gehackter Knoblauch
- abgeriebene Schale und Saft von 1 Bio-Limette

1 Für die Frühlingsrollen die Glasnudeln 15 Minuten in warmem Wasser einweichen. Die Shiitake-Pilze putzen, falls nötig, trocken abreiben und die Stiele entfernen. Alle Pilze in Streifen schneiden. Die Zwiebel schälen und in feine Würfel schneiden. Die Möhre schälen und fein reiben. Den Spargel waschen und nach Belieben in Stücke schneiden.

2 Die Glasnudeln abgießen, abtropfen lassen und in etwa 3 cm lange Stücke schneiden. Das Garnelenfleisch hacken. Alle vorbereiteten Zutaten in eine große Schüssel geben. Hackfleisch, Sprossen, Fischsauce, Knoblauch, Pfeffer, Zucker, Salz und das leicht verquirlte Ei dazugeben. Alle Zutaten gut mischen.

3 Ein Blatt Reispapier kurz in kaltes Wasser legen und dann auf die Arbeitsfläche legen. 2 EL Füllung mittig auf das untere Drittel geben und einrollen. Dabei die Seiten nach innen über die Füllung klappen. Während eine Frühlingsrolle gerollt wird, das nächste Blatt in das Wasser legen. So fortfahren, bis die Füllung aufgebraucht ist.

4 Für den Dip die Erdnüsse in einer Pfanne ohne Fett anrösten. Herausnehmen und grob hacken. Die Chilischote längs halbieren, entkernen, waschen und fein hacken. Den Zucker mit dem Reisessig verrühren, bis sich der Zucker aufgelöst hat. 70 ml Wasser, Fischsauce, Knoblauch, Chili und Limettenschale und -saft hinzufügen. Alles gut verrühren und mit den Erdnüssen bestreuen.

5 Den Backofen auf 220 °C vorheizen. Die Frühlingsrollen auf ein mit Backpapier belegtes Blech legen und im Ofen auf der mittleren Schiene etwa 12 Minuten backen. Herausnehmen und auf Küchenpapier abtropfen lassen. Die Frühlingsrollen auf Salatblättern anrichten und den Dip dazu reichen.

FILOTEIG-PIZZA

mit Tomaten und Mozzarella

Zutaten für 4 Personen

Für die Pizza:

- 4 Blätter Filoteig
- 1 Eigelb
- 1 EL Sahne
- 200 g Mozzarella
- 8 Cocktailtomaten
- 4 EL Tomatensauce (z.B. siehe S. 38)
- Salz
- Pfeffer aus der Mühle

Zum Garnieren:

- Parmesanspäne
- Mini-Basilikumblätter
- Olivenöl

1 Den Backofen auf 160°C vorheizen. Ein Backblech mit Backpapier belegen. Die Filoteigblätter jeweils vierteln. Das Eigelb mit der Sahne verrühren und den Teig damit bestreichen. Die Teigviertel aufeinanderlegen, den Teig rund (etwa 15 cm Durchmesser) ausstechen und auf das Backblech legen. Die Ränder nach oben klappen und den Teig im Ofen auf der mittleren Schiene etwa 4 Minuten backen.

2 Den Mozzarella in 12 dünne Scheiben schneiden. Die Cocktailtomaten waschen und halbieren. Den Teig aus dem Ofen nehmen, mit der Tomatensauce bestreichen und mit je 3 Scheiben Mozzarella belegen. Je 4 halbe Cocktailtomaten darauflegen und mit Salz und Pfeffer würzen.

3 Die Pizzen im Ofen weitere 4 Minuten backen. Herausnehmen und mit Parmesanspänen, Mini-Basilikumblättern und ein paar Tropfen Olivenöl garnieren.

SPARGELQUICHE
mit Schnittlauchdip

1 Für den Mürbeteig die Zutaten mit 1 EL kaltem Wasser zu einem glatten Teig kneten. Sollte er zu trocken sein, noch etwas kaltes Wasser unterkneten. Den Teig halbieren, jede Hälfte zur Kugel formen, in Frischhaltefolie wickeln und etwa 30 Minuten kühl stellen.

2 Für den Belag den weißen Spargel schälen und die holzigen Enden abbrechen. Wasser zum Kochen bringen, mit Salz, Zucker und Zitronensaft abschmecken, aufkochen und 20 bis 25 Minuten ziehen lassen. Herausnehmen und auskühlen lassen.

3 Den Backofen auf 160 °C vorheizen. Eine Quicheform (25 cm Durchmesser, Höhe 3 cm) mit Butter ausstreichen und dünn mit Mehl ausstreuen. Eine Portion Mürbeteig auf der bemehlten Arbeitsfläche etwas größer als die Form rund (etwa ½ cm dick) ausrollen (den restlichen Teig anderweitig verwenden, er lässt sich gut einfrieren). Die Form damit auslegen und den Teig am Rand etwas hochdrücken. Den überstehenden Rand abschneiden.

4 Den abgekühlten weißen Spargel in etwa 5 cm lange Stücke schneiden und auf dem Mürbeteig verteilen. Sahne, Eier, Salz und Muskatnuss verquirlen. Abschmecken. Über den Spargel gießen und im Ofen auf der mittleren Schiene etwa 40 Minuten backen.

5 Den grünen Spargel waschen, im unteren Drittel schälen und die Enden abbrechen. Die Quiche aus dem Ofen nehmen, den Parmesan darüberstreuen und den grünen Spargel roh darüberhobeln. Die Quiche in der Form etwa 5 Minuten ruhen lassen.

6 Inzwischen für den Dip den Schnittlauch waschen, trocken schütteln und in Röllchen schneiden. Den Joghurt mit dem Zitronensaft, Salz und Cayennepfeffer abschmecken. Die Schnittlauchröllchen dazugeben und unterrühren.

7 Die Spargelquiche aus der Form lösen und mit dem Schnittlauchdip servieren.

Zutaten für 4 Personen

Für den Mürbeteig:

- 250 g Mehl
- 125 g kalte Butter (in Würfeln)
- 1 Ei
- ½ TL Salz
- Butter und Mehl für die Form und zum Verarbeiten

Für den Belag:

- 10 Stangen weißer Spargel
- Salz
- Zucker
- Zitronensaft
- 250 g Sahne
- 4 Eier
- frisch geriebene Muskatnuss
- 2 Stangen grüner Spargel
- 20 g gehobelter Parmesan

Für den Dip:

- 1 Bund Schnittlauch
- 125 g Naturjoghurt
- Saft von ¼ Zitrone
- Salz
- Cayennepfeffer

SPANISCHE TORTILLA

mit Aubergine

Zutaten für 4 Personen

- 1 große Aubergine
- 200 g festkochende Kartoffeln
- 100 g Zwiebeln
- 1 Knoblauchzehe
- 100 g Kochschinken
- Mehl zum Bestäuben
- ca. 200 ml Olivenöl
- Salz
- Pfeffer aus der Mühle
- 6 Eier
- 2 EL gehackte Petersilie
- Manchego-Käse zum Garnieren (am Stück)

1 Den Backofen auf 250 °C vorheizen. Die Aubergine putzen, waschen und längs 4 sehr dünne Scheiben abschneiden. Den Rest in Würfel schneiden (ergibt etwa 200 g). Die Kartoffeln schälen, waschen und in Würfel schneiden. Die Zwiebeln und den Knoblauch schälen und in feine Würfel schneiden. Den Schinken in Würfel schneiden.

2 Die Auberginenscheiben mit Mehl bestäuben. In einer Pfanne 70 ml Olivenöl erhitzen und die Auberginen darin goldbraun ausbacken. Mit Salz und Pfeffer würzen. Herausnehmen und auf Küchenpapier abtropfen lassen.

3 In einem Topf 100 ml Olivenöl erhitzen und die Kartoffel- und Auberginenwürfel darin 5 Minuten frittieren. Die Zwiebeln und den Knoblauch kurz dazugeben. Alles herausnehmen und auf Küchenpapier abtropfen lassen. Dann in eine Schüssel geben, den Schinken untermischen. Mit Salz und Pfeffer würzen. Die Eier verquirlen und die Petersilie unterrühren.

4 In einer ofenfesten Pfanne mit hohem Rand 3 EL Olivenöl erhitzen. Die Gemüsemischung hineingeben, die Petersilieneier darübergießen und im Ofen etwa 10 Minuten stocken lassen.

5 Die Tortilla aus der Pfanne nehmen und in Stücke schneiden. Mit den Auberginenscheiben garnieren und den Manchegokäse darüberhobeln.

ZWIEBELGEMÜSE
mit Kartoffeln und Rouille

Zutaten für 4 Personen

Für das Gemüse:

- 4 mittelgroße festkochende Kartoffeln
- 1 kg grobes Meersalz
- 4 Zwiebeln (z. B. Roscoff oder kalabrische Tropea)
- 12 Stangen grüner Spargel
- Salz
- Zucker
- 50 g Butter

Für die Rouille:

- 1 kleine rote Paprikaschote
- 2 kleine rote Chilischoten
- 5–6 Knoblauchzehen
- 1 mittelgroße mehligkochende Kartoffel (gegart)
- ½ TL Fleur de Sel
- 5–6 Safranfäden
- 1 Eigelb
- 150 ml Olivenöl

1 Für das Gemüse den Backofen auf 210 °C vorheizen. Die Kartoffeln mit der Schale gründlich waschen und in Alufolie wickeln. Die Hälfte des Meersalzes in eine ofenfeste Form geben. Die Zwiebeln mit dem Strunk nach unten daraufsetzen. Die Kartoffeln dazugeben und beides mit dem restlichen Salz zudecken. Die Gemüse im Ofen etwa 1 Stunde garen.

2 Für die Rouille die Paprikaschote längs halbieren, entkernen, waschen und vierteln. Die Chilischoten längs halbieren, entkernen und waschen. Den Knoblauch schälen. Die gegarte Kartoffel pellen und mit Chilis, Knoblauch und Paprika in einen ofenfesten Topf geben. Mit Fleur de Sel würzen. Mit Alufolie abdecken, in den Ofen zu den Kartoffeln und Zwiebeln stellen und 40 Minuten mitgaren.

3 Den Topf aus dem Ofen nehmen und die Gemüse im Küchenmixer fein pürieren. Safran und Eigelb unterschlagen. Olivenöl nach und nach dazulaufen lassen und alles cremig aufschlagen. Abschmecken.

4 Den Spargel waschen, im unteren Drittel schälen und die holzigen Enden abbrechen. Den Spargel in kochendem Salzwasser mit dem Zucker (Verhältnis 1:1) etwa 5 Minuten bissfest blanchieren. Herausnehmen.

5 Die Zwiebeln und die Kartoffeln mit einer Gabel anstechen. Wenn sie gar sind, aus dem Salz nehmen. Die Kartoffeln auswickeln, pellen, halbieren und in eine Schüssel geben. Die Zwiebeln quer halbieren und das Innere zu den Kartoffeln geben, etwas Rouille unterrühren. Diese Mischung in die unteren Hälften der Zwiebeln füllen und die oberen Hälften wieder daraufsetzen.

6 In einer beschichteten Pfanne die Butter aufschäumen und den Spargel darin glasieren. Mit Salz und Zucker abschmecken.

7 Den Spargel auf Teller geben. Die Zwiebeln daraufsetzen und mit der restlichen Rouille garnieren. Dazu passt ein Kräutersalat.

SPARERIBS
mit Maisgemüse

1 Am Vortag für die Spareribs die Rippchen waschen, trocken tupfen und in Stücke mit je 2 Knochen schneiden. Mit Salz und Pfeffer würzen. Den Zucker hell karamellisieren. Mit Wein, Essig und ½ l Wasser ablöschen und aufkochen. Die Zwiebel schälen und in grobe Stücke schneiden. Die Gewürze und die Zwiebel in den Sud geben und leicht salzen. Die Spareribs hineinlegen und bei schwacher Hitze mit halb aufgelegtem Deckel 1 ½ Stunden köcheln lassen.

2 Für die Marinade Ketchup, Honig, Cola, Paprika- und Currypulver, Majoran und Limettensaft verrühren. Mit Tabasco, Worcestershire- und Sojasauce würzen.

3 Die Spareribs aus dem Sud nehmen und mit der Marinade von beiden Seiten dick einstreichen. Mit Frischhaltefolie abdecken und am besten über Nacht durchziehen lassen.

4 Am nächsten Tag für das Gemüse das Mangofruchtfleisch in kleine Würfel schneiden. Die Tomaten waschen und vierteln, dabei die Stielansätze entfernen. Tomaten entkernen und mit dem Olivenöl mit dem Stabmixer fein pürieren. Durch ein Sieb streichen.

5 Diese Tomatenemulsion mit Mango, Mais, Ketchup, fein geschnittenem Koriander und Basilikum verrühren. Mit Salz und Chili pikant würzen.

6 Die marinierten Spareribs auf dem Grill von beiden Seiten knusprig grillen oder im auf 200 °C vorgeheizten Backofen etwa 20 Minuten braten. Zwischendurch wenden.

7 Die Spareribs in Portionsstücke schneiden und mit dem Maisgemüse servieren. Dazu passen Kartoffelwedges (siehe S. 96).

Zutaten für 4 Personen

Für die Spareribs:
- 1,2 kg kleine Spareribs
- Salz • Pfeffer aus der Mühle • 100 g Zucker
- ¼ l Weißwein
- 150 ml Obstessig
- 1 Zwiebel • 2 Gewürznelken • 2 Lorbeerblätter
- 2 getr. Chilischoten
- 10 Pfefferkörner
- ½ TL Korianderkörner
- 1 Stängel Zitronengras

Für die Marinade:
- 200 g Tomatenketchup
- 2 EL Honig (40 g)
- 50 ml Coca-Cola
- je 1 TL Paprikapulver (rosenscharf) und Currypulver • ½ TL getr. Majoran
- Saft von ½ Limette
- Tabasco, Worcestershire- und Sojasauce

Für das Gemüse:
- 150 g Mangofruchtfleisch
- 250 g Tomaten
- 100 ml Olivenöl
- 50 g Maiskörner (aus der Dose)
- 2 EL Tomatenketchup
- 1 EL Korianderblätter
- 5 Basilikumblätter
- Salz • 1 TL Chiliflocken

CHICKEN WINGS

mit zweierlei Saucen

Zutaten für 4 Personen

Für die Chicken Wings:

- 12 Hähnchenflügel
- 2 Knoblauchzehen
- 2 rote Chilischoten
- 2 EL Tomatenketchup
- 50 ml flüssiger Honig
- 2 EL Sojasauce
- Saft von ½ Limette
- Cayennepfeffer
- 1 TL Ras-el-Hanout
- 60 ml Olivenöl
- Salz

Für die Chilisauce:

- 1 Tomate
- Saft von 1 ½ Limetten
- 1 EL scharfer Senf
- 1 EL Tomatenmark
- 2 EL Tomatenketchup
- 2 EL brauner Zucker
- 2 EL Sojasauce

Für die Blauschimmelkäsesauce:

- 100 g Naturjoghurt
- 100 g Schmand
- 100 g Blauschimmelkäse
- ½ Knoblauchzehe
- Salz
- Pfeffer aus der Mühle
- ½ Bund Schnittlauch

Außerdem:

- 300 g Staudensellerie

1 Am Vortag für die Chicken Wings die Hähnchenflügel waschen, trocken tupfen und in eine Schüssel legen.

2 Den Knoblauch schälen und in feine Würfel schneiden. Die Chilischoten längs halbieren, entkernen, waschen und hacken. Beides mit Ketchup, Honig, Sojasauce, Limettensaft, Cayennepfeffer, Ras-el-Hanout und 50 ml Olivenöl zu einer Marinade verrühren. Mit Salz abschmecken.

3 Die Hälfte der Marinade zu den Chicken Wings geben und gut damit vermischen. Zugedeckt 5 bis 6 Stunden oder über Nacht im Kühlschrank marinieren.

4 Am nächsten Tag für die Chilisauce die Tomate kreuzweise einritzen, überbrühen, häuten und klein schneiden. Limettensaft mit der übrigen Marinade, Senf, Tomatenmark, Ketchup, Salz, braunem Zucker und Sojasauce in einem Topf erhitzen. Die Tomate dazugeben und leicht köcheln lassen. Die Sauce abkühlen lassen.

5 Den Backofen auf 230 °C Umluft vorheizen. Ein Backblech mit Backpapier belegen, die Hähnchenflügel darauflegen und auf der mittleren Schiene etwa 10 Minuten braten. Wenden und weitere 7 bis 8 Minuten braten.

6 Für die Käsesauce den Joghurt, den Schmand und den Blauschimmelkäse mit dem Stabmixer glatt rühren. Den Knoblauch schälen und durch eine Presse dazudrücken. Mit Salz und Pfeffer würzen. Den Schnittlauch waschen, trocken tupfen, in Röllchen schneiden und unterrühren.

7 Den Sellerie putzen, waschen und die Stangen in 6 bis 8 cm lange Stücke teilen. Die Chicken Wings aus dem Ofen nehmen, mit den beiden Saucen und den Selleriestücken servieren.

REISEINTOPF
orientalisch mit Artischocken

Zutaten für 4 Personen

- 2 Artischocken
- 1 Zitrone
- 2 Schalotten
- 1 Knoblauchzehe
- 300 g Möhren
- 2 EL Rosinen
- 2 EL Butter
- 1 EL Olivenöl
- 2 EL Currypulver
- 400 g Langkornreis
- 800 ml Gemüsebrühe
- 4 EL Mandelblättchen
- 1 Stiel Liebstöckel
- 1 Stiel Minze
- 1 TL Ras-el-Hanout
- Salz
- Pfeffer aus der Mühle
- Cayennepfeffer

1 Von den Artischocken den Stiel sowie die harten Blattspitzen im oberen Teil abtrennen, die verbliebenen Blätter rund um den Artischockenboden abschneiden. Das „Heu“ mit einem Teelöffel oder Kugelausstecher herauslösen. Die Zitrone halbieren, auspressen und den Saft in eine Schüssel mit Wasser gießen. Die Artischockenböden bis zur weiteren Verarbeitung hineinlegen.

2 Die Schalotten und den Knoblauch schälen und in feine Würfel schneiden. Die Möhren putzen, schälen, längs halbieren und in etwa ½ cm dicke Scheiben schneiden. Die Rosinen in Wasser einweichen.

3 Den Backofen auf 180 °C vorheizen. Die Butter und das Olivenöl in einem ofenfesten Topf erhitzen. Die Schalotten und den Knoblauch darin andünsten. Die Möhren dazugeben und untermischen. Die Artischocken aus dem Wasser nehmen und abtropfen lassen. In etwa gleich große Stücke wie die Möhren schneiden und dazugeben. Mit Currypulver bestäuben und leicht andünsten. Den Reis hinzufügen und kurz anrösten. Mit der Brühe ablöschen und einmal kurz durchrühren. Den Deckel auflegen und den Reiseintopf im Ofen etwa 25 Minuten garen.

4 Die Mandelblättchen in einer Pfanne ohne Fett goldbraun rösten. Den Liebstöckel und die Minze waschen und trocken tupfen, die Blätter abzupfen und fein hacken. Die Rosinen ausdrücken und nach etwa 20 Minuten unter den Reis mischen. Den Pilaw aus dem Ofen nehmen, das Ras-el-Hanout unterrühren und das Ganze etwa 5 Minuten ohne Hitze zugedeckt ziehen lassen.

5 Den Reis mit einer Gabel auflockern und mit Salz, Pfeffer und Cayennepfeffer abschmecken. In eine Schüssel geben und mit den Kräutern sowie den Mandeln bestreuen.

ENTENBRUST
mit Kartoffelgratin

Zutaten für 4 Personen

Für das Gratin:
- 4 mittelgroße vorwiegend festkochende Kartoffeln
- 1 Knoblauchzehe
- 1 EL Butter • Salz
- frisch geriebene Muskatnuss • 200 g Sahne

Für die Entenbrust:
- 4 Entenbrustfilets (à ca. 200 g) • Salz
- Pfeffer aus der Mühle
- Öl zum Braten
- 1 Zweig Thymian
- 1 Zweig Rosmarin
- 2 EL Butter
- 1 Knoblauchzehe

Für die Vinaigrette:
- 2 reife Tomaten
- 1 Zwiebel
- 1 Knoblauchzehe
- 1 Bund Petersilie
- 4 Zweige Thymian
- 1–2 Chilischoten
- 1 EL Dijon-Senf
- 100 ml Sonnenblumenöl
- 100 ml Olivenöl
- 1 EL getr. Oregano
- 1 frisches Lorbeerblatt
- 2 EL Weißweinessig
- ½ TL Salz • ½ TL zerstoßene Pfefferkörner
- 1 Spritzer Tabasco

1 Für das Gratin den Backofen auf 180 °C Umluft vorheizen. Die Kartoffeln schälen, waschen und in sehr dünne Scheiben schneiden oder hobeln. Den Knoblauch schälen. Eine ofenfeste Pfanne mit dem Knoblauch ausreiben und mit der Butter einfetten. Die Kartoffeln dachziegelartig einschichten und mit Salz und Muskatnuss würzen. Die Sahne angießen und alles kurz aufkochen. Die Kartoffeln vom Herd nehmen und im Ofen auf der mittleren Schiene 25 Minuten goldbraun backen.

2 Für die Entenbrust die Entenbrustfilets mit Salz und Pfeffer würzen. Eine ofenfeste Pfanne auf dem Herd erhitzen und die Entenbrustfilets darin zuerst auf der Fleischseite anbraten. Wenden und mit der Haut nach unten im Ofen etwa 12 Minuten braten.

3 Für die Vinaigrette die Tomaten kreuzweise einritzen, überbrühen, häuten, vierteln und entkernen. Das Fruchtfleisch in kleine Würfel schneiden. Die Zwiebel und den Knoblauch schälen, in feine Würfel schneiden und kurz in kochendem Wasser blanchieren. Anschließend in Eiswasser abschrecken.

4 Die Petersilie und den Thymian waschen, trocken schütteln und die Blättchen abzupfen. Die Petersilie fein hacken und zur Zwiebel-Knoblauch-Mischung geben. Die Chilischoten längs halbieren, entkernen, waschen und fein hacken. Den Senf mit beiden Ölsorten verrühren. Alle vorbereiteten Zutaten, Oregano und das Lorbeerblatt (gehackt) unterrühren und mit Essig, Salz, Pfeffer und Tabasco abschmecken.

5 Die Entenbrustfilets aus der Pfanne nehmen und das Fett abgießen. Den Thymian und den Rosmarin waschen und trocken tupfen. Die Butter in die Pfanne geben und aufschäumen. Die Kräuter und den Knoblauch (angedrückt) dazugeben. Die Entenbrust mit der Butter beträufeln. Anschließend der Länge nach in Scheiben schneiden und mit der Vinaigrette übergießen.

FORELLENSTRUDEL

mit Spinat

Zutaten für 4 Personen

- 4 Lachsforellenfilets (à ca. 150 g)
- Sahne nach Bedarf
- 100 g große Wurzelspinatblätter
- Salz
- frisch geriebene Muskatnuss
- Cayennepfeffer
- Pfeffer aus der Mühle
- 1 Eiweiß
- 2 Blätter Strudelteig

1 Die Lachsforellenfilets waschen, trocken tupfen und häuten, eventuell vorhandene Gräten entfernen. Für die Farce von den Filets von beiden Seiten 2 bis 3 cm abschneiden, in Würfel schneiden und diese wiegen. Die gleiche Menge Sahne abwiegen und beides separat etwa 20 Minuten in das Tiefkühlfach stellen.

2 Inzwischen den Spinat waschen und verlesen, grobe Stiele entfernen. Den Spinat in sprudelnd kochendem Wasser kurz blanchieren. Die Blätter in einer Schüssel mit Eiswasser abschrecken und kurz darin liegen lassen.

3 Die Spinatblätter einzeln aus dem Wasser nehmen und auf einem Küchentuch eine Blätterschicht in der Größe des Fischfilets auslegen. Mit einem weiteren Küchentuch den Spinat fest ausdrücken und trocken tupfen. Auf diese Weise 4 Spinatschichten nebeneinanderlegen.

4 Den Fisch und die Sahne aus dem Tiefkühlfach nehmen. Fischwürfel mit Salz, Muskat, Cayennepfeffer und Pfeffer würzen. Im Küchenmixer zerkleinern. Nach und nach die Sahne dazugeben, bis die Farce zu glänzen beginnt. Bei Bedarf noch durch ein Sieb streichen. Die Farce auf den Spinatschichten verteilen und glatt streichen.

5 Den Backofen auf 170 °C vorheizen. Ein Backblech mit Backpapier belegen. Die Lachsforellenfilets zwischen zwei Lagen Frischhaltefolie leicht plattieren. Mit Salz würzen, jeweils auf die Spinatschichten legen und wie einen Strudel von der schmalen Seite her aufrollen.

6 Das Eiweiß mit etwas Wasser verquirlen. Den Strudelteig auf der Arbeitsfläche auslegen und jeweils halbieren. Je 1 Fischfilet in Spinathülle auf 1 Blatt Strudelteig legen, die Ränder mit Eiweiß einstreichen und das Ganze aufrollen. Auf das Backblech legen. Mit dem Eiweiß bestreichen und etwa 12 Minuten backen. Herausnehmen und 3 Minuten ruhen lassen. Mit einem Messer halbieren und am besten mit Sauce hollandaise servieren.

GEBACKENE AUBERGINE
mit Couscous und Joghurt

Zutaten für 4 Personen

- 2 Knoblauchzehen
- 1 Stiel Koriander mit Wurzel
- 1 TL Meersalz
- 2 TL Kreuzkümmel
- 2 TL Korianderkörner
- ½ Chilischote
- 1 TL abgeriebene Bio-Zitronenschale
- 2 TL Olivenöl
- 2 große Auberginen mit Stiel
- 20 g Sultaninen
- 1 Frühlingszwiebel
- 1 Stiel Minze
- 150 ml Gemüsebrühe
- 50 g Instant-Couscous
- Salz
- Pfeffer aus der Mühle
- 1 Msp. Ras-el-Hanout
- 1 EL geröstete Mandelblättchen
- 150 g Naturjoghurt
- Cayennepfeffer

1 Den Backofen auf 230 °C Umluft vorheizen. Den Knoblauch schälen und grob in Würfel schneiden. Den Koriander waschen, die Wurzel, falls nötig, putzen und klein schneiden. Die Blätter beiseitelegen. Knoblauch, Korianderwurzel, Meersalz, Kreuzkümmel, Korianderkörner, Chilischote, Zitronenschale und Olivenöl im Mörser zu einer feinen Paste verarbeiten.

2 Die Auberginen putzen, waschen, der Länge nach halbieren und das Fruchtfleisch rautenförmig einschneiden, dabei aufpassen, dass die Außenhaut nicht verletzt wird. Die Auberginen mit der Paste einreiben und auf ein Backblech legen. Im Ofen 40 bis 45 Minuten goldgelb backen.

3 Inzwischen die Sultaninen in warmem Wasser einweichen. Die Frühlingszwiebel putzen, waschen und in feine Ringe schneiden. Die Minze waschen und trocken tupfen, die Blätter abzupfen und hacken. Die Korianderblätter ebenfalls hacken. Die Brühe aufkochen und über den Couscous gießen. Den Couscous 5 Minuten zugedeckt quellen lassen.

4 Die Sultaninen abgießen und mit Frühlingszwiebel, Minze und Koriander unter den Couscous mischen. Mit Salz, Pfeffer und Ras-el-Hanout würzen und mit den Mandelblättchen bestreuen.

5 Die Auberginen aus dem Ofen nehmen und den Couscous darauf verteilen. Mit dem Joghurt garnieren. Mit Pfeffer und Cayennepfeffer würzen.

BURGERBRÖTCHEN
selbst gemacht

Zutaten für 8 Stück

- 450 g Mehl
- 1 Würfel frische Hefe (42 g)
- 1 Ei
- 1 TL Salz
- 40 g Zucker
- 40 g weiche Butter
- Mehl für die Arbeitsfläche
- 1 Eiweiß
- Sesamsamen zum Bestreuen (nach Belieben)

1 Für den Hefeteig das Mehl, die zerbröckelte Hefe, das Ei, das Salz, 170 ml lauwarmes Wasser und den Zucker in eine Schüssel geben und etwas verkneten. Die Butter dazugeben und alles mit den Knethaken des Handrührgeräts zu einem glatten Teig verkneten (oder den Teig auf der bemehlten Arbeitsfläche mit den Händen gut durchkneten, bis er sich von der Fläche löst, und zurück in die Schüssel geben). Den Teig zugedeckt an einem warmen Ort etwa 30 Minuten gehen lassen, bis sich sein Volumen verdoppelt hat.

2 Den Teig aus der Schüssel nehmen und noch einmal gut durchkneten. Zu einer Rolle formen, in 8 gleich große Scheiben schneiden und diese zu Brötchen formen. Nebeneinander auf ein mit Backpapier belegtes Backblech legen und nochmals zugedeckt an einem warmen Ort etwa 30 Minuten gehen lassen.

3 Den Backofen auf 180 °C vorheizen. Das Eiweiß mit etwas Wasser verrühren und die Brötchen damit bestreichen. Nach Belieben mit etwas Sesam bestreuen. Die Brötchen 15 bis 17 Minuten backen. Herausnehmen und auskühlen lassen.

KNUSPRIGE ENTE
im Kopfsalat

1 Am Vortag die Ente innen und außen gründlich waschen. In einem großen Topf Salzwasser aufkochen, Essig dazugeben (Verhältnis 10:1) und die Ente 5 Minuten blanchieren. Herausheben, trocken tupfen, eventuell noch sichtbares Fett herausschneiden und dabei etwas massieren, damit sich die Haut besser vom Fleisch löst. Die Ente auskühlen lassen. Inzwischen in einem kleinen Topf 100 ml Wasser aufkochen. 5 EL Reiswein, 1 EL Sojasauce, Honig, Zitronensaft, Speisestärke und ½ TL Sesamöl verrühren. Die Ente großzügig damit bestreichen und über Nacht kühl stellen.

2 Am nächsten Tag die Ente erneut mit Glasur bestreichen und die Glasur antrocknen lassen. Den Backofen auf 175 °C Umluft vorheizen. In die Fettfangschale etwas Wasser geben. Die Ente auf das Backofengitter legen, mit der Fettfangschale darunter auf die mittlere Schiene des Backofens schieben und etwa 40 Minuten braten. Zwischendurch immer wieder mit der Glasur bestreichen.

3 Die Fettpfanne aus dem Ofen nehmen, entleeren, wieder in den Ofen stellen und die Ente weitere 20 Minuten garen. Aus dem Ofen nehmen und kurz abkühlen lassen. Die Haut ablösen, entfetten und beiseitelegen. Das Fleisch von der Karkasse lösen und klein zupfen.

4 Das restliche Sesamöl in einer beschichteten Pfanne erhitzen. Die Walnüsse und die Kürbiskerne darin anrösten, mit dem Zucker bestreuen und karamellisieren. Mit dem Essig und dem übrigen Reiswein ablöschen und zum Entenfleisch geben. Mit Salz und restlicher Sojasauce abschmecken. Das Basilikum waschen und trocken tupfen, die Blätter abzupfen und untermischen. Vom Salat die äußeren Blätter entfernen. Den Salat in die einzelnen Blätter teilen, waschen und trocken schleudern. Die mittleren Blätter beiseitelegen. Die inneren Blätter unter den Entensalat heben. Den Entensalat in die mittleren Salatblätter füllen.

5 Die Entenhaut in einer beschichteten Pfanne knusprig braten. In Streifen schneiden und auf dem Salat verteilen (siehe Coverfoto).

Zutaten für 4 Personen

- 1 Ente (ca. 2,2 kg; küchenfertig)
- Salz
- Essig
- 80 ml Reiswein
- 3 EL Sojasauce
- 3 EL Honig
- 1 EL frisch gepresster Zitronensaft
- 2 TL Speisestärke
- 1 TL Sesamöl
- 50 g gehackte Walnusskerne
- 50 g gehackte Kürbiskerne
- 1 EL Zucker
- 3 EL Reisessig
- Salz
- 2 Stiele Thai-Basilikum
- 1 Kopfsalat

AUF DIE HAND

Bei meiner Küche, da lebt man nicht von der Hand in den Mund. Da lebt man von dem, was man von der Hand in den Mund hebt. Klassische Snacks aus der Imbissküche, aber für daheim und für die Couch. Ob für den Champions-League-Abend mit ein paar Freunden, ob als Partyschmankerl für einen Geburtstag oder für einen kleinen Sektempfang, weil man was zu feiern hat – mein Imbiss ist was für Feinschmecker. Aber für solche, die ein bisschen über den Tellerrand hinausschmecken wollen. International angehaucht, aber mit einem heimatlichen Touch sind zum Beispiel meine Makirollen, ein echt bajuwarisch-japanischer Crossover. Oder mein Chivito, das ist eigentlich eine Steaksemmel aus Uruguay. Aber von mir gemacht, schmeckt sie dann mehr nach Oberland. Da fahren Ihre Geschmacksnerven Achterbahn. Und zwar gerne!

MAKIROLLEN
auf bayerische Art

Zutaten für 4 Personen

- ¼ Rettich
- 50 g Honig
- 100 ml Weißbier
- 100 g Graupen
- Salz
- ½ Kopf junger Spitzkohl
- 1 Schalotte
- 50 g Butter
- 200 ml Gemüsebrühe
- 100 g Sauerkraut
- Cayennepfeffer
- Zucker
- saure Sahne
- 2 sehr frische Forellenfilets (entgrätet und ohne Haut; à ca. 100 g)

1 Den Rettich schälen, auf einer Reibe fein raspeln und auspressen. Den Saft auffangen und mit dem Honig verrühren. Das Weißbier unterrühren. Die Rettichraspel beiseitestellen.

2 Die Graupen in einem Sieb kalt abbrausen, bis das Wasser klar bleibt. In einem Topf reichlich Salzwasser aufkochen. Die Graupen darin etwa 15 Minuten sanft köcheln lassen.

3 Vom Spitzkohl die äußeren großen Blätter ablösen und in reichlich Salzwasser 1 bis 2 Minuten bissfest blanchieren. In Eiswasser abschrecken. Mit einem Küchentuch trocken tupfen und plattieren.

4 Die Schalotte schälen und in feine Würfel schneiden. Die Graupen abgießen und abtropfen lassen. Die Butter in einem Topf erhitzen, die Graupen und die Schalotte darin anbraten und mit der Brühe ablöschen. Das Sauerkraut dazugeben und weiterköcheln lassen, bis keine Flüssigkeit mehr vorhanden ist und eine körnige Masse entstanden ist. Mit Salz, Cayennepfeffer, Zucker und etwas Weißbierdip abschmecken.

5 Den Strunk von den Spitzkohlblättern entfernen und jeweils 1 Blatt auf eine Sushi-Makimatte legen. Etwas saure Sahne aufstreichen, mit Salz und Cayennepfeffer würzen und mit der Graupen-Sauerkraut-Masse bestreichen.

6 Die Forellenfilets längs in etwa 2 cm dicke Streifen schneiden, auf die Sauerkrautmischung legen und aufrollen. Die Rolle in 6 Teile schneiden. Die Makirollen mit den Rettichraspeln und dem Weißbierdip servieren.

HAMBURGER
mit Cocktailsauce

Zutaten für 4 Stück

Für die Sauce:

- 100 g Tomatenketchup
- 150 g Mayonnaise
- 1 EL Naturjoghurt
- 1 EL frisch geriebener Meerrettich
- 1 EL Maiskörner (aus der Dose)
- 1 EL gehackter Koriander
- ¼ entkernte, gehackte Chilischote
- Salz
- Pfeffer aus der Mühle
- 2 Romanasalatblätter

Für die Fleischburger (Patties):

- ca. 1 kg Rindfleisch (Verhältnis Fleisch:Fett ca. 80:20; beim Metzger vorbestellen)
- Salz
- Pfeffer aus der Mühle

Außerdem:

- 4 Burgerbrötchen (siehe S. 90)

1 Für die Cocktailsauce alle Zutaten bis auf den Salat verrühren und mit Salz und Pfeffer abschmecken. Den Romanasalat waschen, trocken tupfen, in feine Streifen schneiden und unter die Cocktailsauce heben.

2 Inzwischen für die Patties das Rindfleisch noch einmal durch den Fleischwolf drehen oder mit dem scharfen Messer grob hacken und zu 4 Patties formen. In einer Pfanne oder auf dem Grill auf jeder Seite 3 bis 4 Minuten braten oder grillen. Wer seinen Burger etwas mehr durch mag, brät ihn einfach etwas länger. Die Patties mit Salz und Pfeffer würzen.

3 Die Brötchen halbieren. Die unteren Hälften jeweils mit einem Pattie belegen und etwas Cocktailsauce daraufgeben. Die oberen Hälften darauflegen und leicht andrücken.

Bachmeiers Tipp

Dazu passen Kartoffelwedges: Dafür 12 Kartoffeln (La Ratte oder Grenaille) mit der Schale gründlich waschen, trocken reiben und in Spalten schneiden. Etwas Öl in einer beschichteten Pfanne erhitzen, die Wedges darin goldbraun braten und mit Meersalz würzen.

GEMÜSEBURGER

mit getrockneten Tomaten und Guacamole

1 Für die Guacamole die Tomaten häuten, vierteln, entkernen und nebeneinander auf ein mit Backpapier belegtes Backblech legen. Mit Meersalz, Thymian und Puderzucker bestreuen. Im Ofen bei 80 °C etwa 4 Stunden trocknen.

2 Die Avocado halbieren und den Stein entfernen. Die Avocadohälften schälen und das Fruchtfleisch fein würfeln. Limettensaft, Chilischote und Koriander untermischen. Mit Salz und Pfeffer abschmecken.

3 Für die Burger die Quinoa gründlich waschen und in einem Topf mit 240 ml Wasser zum Kochen bringen. Etwa 8 Minuten köcheln, dann mit geschlossenem Deckel etwa 15 Minuten quellen lassen. In ein Sieb abgießen, mit kaltem Wasser abspülen und abtropfen lassen. In einem Topf 1 EL Öl erhitzen und die Quinoa darin bei mittlerer Hitze anrösten. Mit dem Currypulver würzen. Beiseitestellen.

4 Die Frühlingszwiebeln putzen, waschen und in feine Ringe schneiden. Die Paprikaschote waschen, entkernen und in feine Würfel schneiden. Den Kräuterseitling putzen und in kleine Würfel schneiden. Den Knoblauch schälen und in feine Würfel schneiden. In einer Pfanne 1 EL Öl erhitzen und die vorbereiteten Zutaten andünsten. Mit Salz und Cayennepfeffer abschmecken.

5 Die Kräuter waschen und trocken tupfen, die Blätter abzupfen und hacken. Das Gemüse zur Quinoa geben. Quark, Eier, Senf und Pfeffer mischen, die Kräuter unterrühren. Das Panko ohne Fett in einer Pfanne kurz anrösten und unter den Kräuterquark rühren. Die Mischung zur Quinoa geben und alles gut mischen. Aus der Masse 4 Burger formen und im übrigen Öl bei mittlerer Hitze auf beiden Seiten 10 bis 12 Minuten braten.

6 Die Brötchen halbieren. Die unteren Hälften jeweils mit 1 Burger belegen. Tomaten, Guacamole und Mozzarella darauf verteilen, die oberen Hälften darauflegen und etwas andrücken.

Zutaten für 4 Stück

Für die Guacamole:

- 5 Tomaten • Meersalz
- 1 EL Thymianblätter
- 1 EL Puderzucker
- 1 Avocado
- 1 EL Limettensaft
- 1 TL fein gehackte Chilischote
- 2 EL fein geschnittener Koriander • Salz
- Pfeffer aus der Mühle

Für die Burger:

- 120 g Quinoa (rot und weiß) • 5 EL Öl
- 1 TL Currypulver
- 3 Frühlingszwiebeln
- ½ rote Spitzpaprika
- 1 Kräuterseitling
- 1 Knoblauchzehe
- Salz • Cayennepfeffer
- 1 Zweig Majoran
- 1 Stiel Koriander
- 1 Stiel Petersilie
- 150 g Speisequark (40 % Fett)
- 2 Eier • ½ EL Dijon-Senf
- Pfeffer aus der Mühle
- 25 g Panko (asiat. Paniermehl)

Außerdem:

- 4 Burgerbrötchen
- 4 Scheiben Mozzarella

BAYERISCHER CHIVITO
in der Laugensemmel

Zutaten für 4 Personen

- 400 g Rinderlende
- 4 Laugensemmeln
- 1 EL Olivenöl
- 1 Knoblauchzehe (angedrückt)
- 1 Zweig Rosmarin
- Salz
- Pfeffer aus der Mühle
- 200 g rote Zwiebeln
- 50 g Butter
- 200 ml Weißbier
- 1 EL süßer Senf
- 2 EL Weißweinessig
- 4 Radieschen
- ½ Kopfsalat
- 2 Miesbacher Käse
- 2 EL geriebener Meerrettich
- 2 EL Schnittlauchröllchen

1 Die Rinderlende in 4 gleich dicke Scheiben schneiden. Die Laugensemmeln halbieren und die Schnittflächen in einer Pfanne ohne Fett anrösten. Herausnehmen. Das Olivenöl in einer Pfanne erhitzen und das Fleisch darin bei starker Hitze auf beiden Seiten anbraten. Den Knoblauch und den Rosmarin dazugeben. Das Fleisch aus der Pfanne nehmen, mit Salz und Pfeffer würzen und lauwarm halten.

2 Die Zwiebeln schälen und in feine Streifen schneiden. Die Butter in der Pfanne aufschäumen. Die Zwiebeln dazugeben und andünsten. Wenn die Zwiebeln Farbe genommen haben, mit dem Weißbier ablöschen. Den Senf unterrühren und den Essig dazugeben. So lange schmoren lassen, bis die Zwiebeln weich sind. Das Fleisch zu den Zwiebeln geben und wenden.

3 Die Radieschen putzen, waschen und in feine Scheiben schneiden. Vom Kopfsalat die äußeren Blätter entfernen. Den Salat in einzelne Blätter teilen, waschen, trocken schleudern und in mundgerechte Stücke zupfen.

4 Auf eine Hälfte der Laugensemmeln den Kopfsalat legen. Das Fleisch jeweils schräg in 2 bis 3 Scheiben schneiden und auf den Salat legen. Die Zwiebeln darauf verteilen. Den Miesbacher in dünne Scheiben schneiden und zusammen mit den Radieschen auf den Zwiebeln verteilen. Leicht salzen. Den Meerrettich darüberstreuen und mit etwas Schnittlauch garnieren. Die zweite Hälfte der Laugensemmeln anlegen und servieren.

BOHNEN
im Parmaschinken-Mantel

Zutaten für 4 Personen

- 200 g Keniabohnen
- Salz
- 4 Scheiben Parmaschinken
- 100 g Mehl
- 1 Ei
- 100 g Weißbrotbrösel
- Butterschmalz zum Ausbacken
- Meersalz

1 Die Bohnen putzen, waschen und in reichlich Salzwasser 3 bis 4 Minuten bissfest blanchieren.

2 Die Bohnen herausnehmen, in 4 Bündchen aufteilen, auf den Schinkenscheiben verteilen und einrollen. Das Mehl in einen tiefen Teller geben. Das Ei in einem tiefen Teller verquirlen.

3 Die eingerollten Bohnen zuerst im Mehl wenden, dann durch das verquirlte Ei ziehen und zuletzt mit den Weißbrotbröseln panieren.

4 Das Butterschmalz in einer Pfanne erhitzen und die Bohnenpäckchen darin rundum etwa 4 Minuten backen. Mit etwas Meersalz würzen.

Bachmeiers Tipp
Eine raffinierte Variante sind Schwarzwurzeln im Parmaschinken-Mantel: Dafür 200 g Schwarzwurzeln putzen, schälen, in bohnenlange Stücke schneiden und bis zur Weiterverarbeitung in mit Wasser gemischte Milch (Verhältnis 1:1) legen. Die Schwarzwurzeln in kochendem Salzwasser 4 bis 6 Minuten bissfest blanchieren. In Eiswasser abschrecken und auf Küchenpapier abtropfen lassen. Dann wie die Bohnen weiterverarbeiten.

BAYERISCHER WRAP

mit zweierlei Füllungen

1 Für den Teig das Mehl und die Milch in einer Schüssel mit dem Schneebesen oder den Quirlen des Handrührgeräts verrühren. Eier, Nussbutter, 1 Prise Salz und Muskatnuss hinzufügen und alles zu einem glatten Teig verrühren. Den Teig durch ein Sieb streichen und zugedeckt 2 Stunden ruhen lassen.

2 Aus dem Teig 4 Pfannkuchen backen. Dafür etwas Butterschmalz in einer Pfanne erhitzen. Ein Viertel des Teiges hineingeben und auf der Unterseite leicht braun backen, dann wenden und auf der anderen Seite fertig backen. Herausnehmen und warm stellen. Die restlichen Pfannkuchen genauso backen.

3 Für die Lachs-Meerrettich-Creme den Frischkäse und den Joghurt verrühren. Mit Zitronensaft und Cayennepfeffer abschmecken. Den Lachs in feine Streifen schneiden und unter den Frischkäse mischen. Den Meerrettich und den Dill dazugeben. Mit Salz und Cayennepfeffer abschmecken.

4 Die Füllung auf die Pfannkuchen verteilen und aufrollen. Mit Radieschen und Kresse garnieren.

5 Alternativ für die Radicchio-Ricotta-Füllung den Radicchio putzen, waschen und trocken schleudern. Die Blätter klein schneiden. Die Salbeiblätter waschen, trocken tupfen und fein schneiden.

6 Das Olivenöl in einer Pfanne erhitzen und den Radicchio mit dem Salbei darin andünsten. Herausnehmen und in eine Schüssel geben. Den Ricotta, den Gorgonzola und das Eigelb untermischen und die Masse mit Salz, Pfeffer und Muskatnuss würzen.

7 Die Radicchio-Ricotta-Füllung auf die Pfannkuchen verteilen, aufrollen und servieren.

Zutaten für 4 Personen

Für den Teig:

- 125 g Mehl
- 300 ml Milch
- 3 Eier (Größe S)
- 50 g Nussbutter
- Salz • frisch geriebene Muskatnuss
- Butterschmalz zum Ausbacken

Für die Lachs-Meerrettich-Creme:

- 150 g Frischkäse
- 100 g Naturjoghurt
- 1 EL Zitronensaft
- Cayennepfeffer
- 100 g geräucherter Lachs
- 1 EL geriebener Meerrettich • 1 EL gehackter Dill • Salz
- Radieschen und Gartenkresse zum Garnieren

Variante – Radicchio-Ricotta-Füllung:

- 100 g Radicchio trevisano • 2 Salbeiblätter
- 2 EL Olivenöl
- 150 g Ricotta
- 30 g Gorgonzola
- 1 Eigelb • Salz
- Pfeffer aus der Mühle
- frisch geriebene Muskatnuss

PULPO
mit Orangenvinaigrette

Zutaten für 4 Personen

Für den Pulpo:

- 1 Pulpo (Oktopus; ca. 500 g; küchenfertig)
- 150 g Zwiebeln
- 2 Stangen Staudensellerie
- 1 Möhre
- 2 Knoblauchzehen
- 1 EL schwarze Pfefferkörner
- 1 Lorbeerblatt
- 1 Fenchelknolle
- 1 rote Zwiebel
- 250 g Ciabatta
- 4 EL Olivenöl
- 2 Knoblauchzehen (angedrückt)
- 2 Zweige Rosmarin
- Salz
- Pfeffer aus der Mühle
- 100 g Chorizo (span. Paprikawurst; in dünnen Scheiben)

Für die Vinaigrette:

- 100 g Zucker
- 50 ml Grand Marnier
- Saft von 5 Orangen
- 1 TL Speisestärke
- abgeriebene Schale von 2 Bio-Orangen
- 1 EL Rosa Pfefferkörner
- 10 Basilikumblätter

1 Für den Pulpo den Oktopus mit kaltem Wasser bedecken. Die Zwiebeln schälen und in grobe Stücke schneiden. Den Sellerie putzen, waschen und in Scheiben schneiden. Die Möhre putzen, schälen und in Scheiben schneiden. Den Knoblauch schälen. Das Gemüse, die Pfefferkörner und das Lorbeerblatt zu dem Pulpo geben, einmal aufkochen und etwa 1 bis 1 ½ Stunden bei milder Hitze weich ziehen lassen.

2 Inzwischen für die Vinaigrette den Zucker karamellisieren und mit dem Grand Marnier ablöschen. Den Orangensaft (bis auf 1 EL) dazugeben und um ein Drittel reduzieren lassen. Die Speisestärke mit 1 EL Orangensaft anrühren und die Sauce auf die gewünschte Konsistenz binden. Orangenschale, Pfefferkörner und Basilikum dazugeben und ziehen lassen.

3 Den Pulpo aus dem Sud nehmen und in etwa 1 cm große Stücke schneiden.

4 Den Fenchel putzen, waschen und halbieren, den harten Strunk entfernen. Die Hälften in feine Streifen schneiden. Die Zwiebel schälen und in feine Streifen schneiden.

5 Das Ciabatta in etwa 1 cm dicke Scheiben schneiden. In einer beschichteten Pfanne 2 EL Olivenöl erhitzen, 1 angedrückte Knoblauchzehe und 1 Zweig Rosmarin dazugeben und die Ciabattascheiben anrösten. Herausnehmen.

6 Das restliche Olivenöl in einer beschichteten Pfanne erhitzen, übrigen Knoblauch und Rosmarin hinzufügen. Das Fenchel-Zwiebel-Gemüse dazugeben und leicht anbraten. Mit Salz und Pfeffer würzen. Den Pulpo dazugeben und anbraten.

7 Die Chorizo auf dem Ciabatta anrichten. Den Pulpo mit dem Fenchel-Zwiebel-Gemüse darauflegen und mit der Orangenvinaigrette beträufeln.

RUSSISCHE EIER
mit Forellentatar

Zutaten für 4 Personen

- 8 Eier
- 1 Lachsforellenfilet (ohne Haut; ca. 200 g)
- Salz
- 1 Bio-Limette
- 4 Estragonblättchen
- ½ Frühlingszwiebel
- ½ TL gemahlener Koriander
- 1 EL Olivenöl
- Pfeffer aus der Mühle
- 2 EL saure Sahne
- 1 TL scharfer Senf
- 1 EL Mayonnaise
- 2 Sardellenfilets (in Öl)
- 4 TL Forellenkaviar
- 1 TL Schnittlauchröllchen

1 Die Eier etwa 8 Minuten hart kochen. Abschrecken, pellen und halbieren. Die Eigelbe herauslösen und beiseitestellen.

2 Das Forellenfilet waschen, trocken tupfen, in feine Würfel schneiden und mit Salz würzen. Die Limette heiß waschen, trocken reiben, die Schale mit dem Sparschäler abziehen und zum Fischfilet geben. Den Estragon fein hacken. Die Frühlingszwiebel putzen, waschen und fein hacken. Koriander, Estragon, Frühlingszwiebel und Olivenöl zum Fischtatar geben. Mit Salz und Pfeffer würzen. Nach Belieben mit Limettensaft abschmecken.

3 Die saure Sahne mit dem Senf verrühren. Das Forellentatar in 4 halbe Eier füllen. Je 1 TL Senfmischung daraufgeben.

4 Die Eigelbe durch ein Sieb streichen und mit der Mayonnaise verrühren. Die Sardellenfilets abtropfen lassen, hacken und unter die Eimasse heben. In einen Spritzbeutel füllen und die Eigelb-Sardellenmasse in die restlichen halben Eier spritzen. Je 1 TL Forellenkaviar auf das Eigelb setzen und mit Schnittlauch garnieren.

TATAKI

Rindfleischröllchen und Thunfisch

1 Für die Rindfleischröllchen das Fleisch in einer beschichteten Pfanne ohne Fett auf beiden Seiten bei starker Hitze 2 bis 3 Minuten braten. Sofort etwa 10 Sekunden in Eiswasser tauchen, mit Meersalz und Pfeffer würzen und auskühlen lassen. Das Olivenöl auf einem Teller mit etwas Zitronensaft mischen. Das Fleisch in 12 dünne Scheiben schneiden und mit Olivenöl-Zitronensaft-Mischung marinieren.

2 Die Schwarzwurzel putzen und schälen und in die mit Wasser gemischte Milch legen. Herausnehmen und in 24 Streifen (etwa 8 cm lang und ½ cm breit) schneiden. In kochendem Salzwasser 4 bis 6 Minuten bissfest blanchieren. In Eiswasser abschrecken, auf Küchenpapier abtropfen lassen. Je 2 Streifen in 1 Scheibe Fleisch wickeln.

3 Die Essiggurke in feine Würfel schneiden. Eigelb, Senf und Gurkenwasser verrühren. Das Öl in einem dünnen Strahl unter Rühren einlaufen lassen und zu einer dicklichen Mayonnaise weiterschlagen. Gurken und Schnittlauch untermischen. Mit Salz, Cayennepfeffer und Zitronensaft abschmecken. Je 1 TL Sauce auf die Tataki geben.

4 Für den Thunfisch den Fisch in Meersalz und dem geschroteten Pfeffer wälzen und in Backpapier wickeln. In einer beschichteten Pfanne auf allen Seiten etwa 2 Minuten heiß anbraten. Sofort etwa 10 Sekunden mit dem Backpapier in das Eiswasser tauchen.

5 Den Spargel waschen, im unteren Drittel schälen und die Enden abbrechen. Den Spargel in Salzwasser mit 1 Prise Zucker und etwas Zitronensaft etwa 8 Minuten bissfest garen.

6 Inzwischen aus Sesam- und Walnussöl, Limettensaft und Sojasauce eine Vinaigrette zubereiten. Den Spargel aus dem Wasser nehmen und darin wenden. Herausnehmen, auf einem Teller anrichten. Den Fisch in dünne Scheiben schneiden, auf den Spargel legen und mit restlicher Vinaigrette beträufeln. Die Frühlingszwiebel putzen, waschen, in Ringe schneiden und darüberstreuen. Mit Salz würzen und einige Meerrettich- oder Wasabitropfen auf den Fisch setzen.

Zutaten für 4 Personen

Für die Tataki Rindfleischröllchen:

- 100 g Rinderfilet oder -hüfte
- Meersalz
- Pfeffer aus der Mühle
- 1 EL Olivenöl
- Zitronensaft
- 1 Schwarzwurzel
- 100 ml Milch
- Salz • 1 Essiggurke
- 1 Eigelb
- 1 TL scharfer Senf
- 1 EL Essiggurkenwasser
- 100 ml Sonnenblumenöl
- 1 TL Schnittlauchröllchen
- Cayennepfeffer

Für die Tataki Thunfisch:

- 100 g Thunfisch (beste Qualität)
- 1 TL Meersalz
- 2 EL geschroteter Pfeffer
- 1 Bund grüner Spargel
- Salz • Zucker
- Zitronensaft
- 1 EL Sesamöl
- 1 EL Walnussöl
- Saft von ½ Limette
- 1 EL Sojasauce
- 1 Frühlingszwiebel
- etwas Meerrettich oder Wasabipaste (grüner Meerrettich)

TORTILLA-WRAP

mit Caesar-Salat

Zutaten für 4 Personen

Für die Fladen:

- 200 g Mehl
- Salz
- 2 TL Öl

Für den Salat:

- 4 Romanasalatherzen
- 25 g Butter
- 100 g Weißbrotwürfel

Für das Dressing:

- 1 Eigelb
- 1 EL Zitronensaft
- Worcestershiresauce
- ¼ l Olivenöl
- 1 EL geriebener Parmesan
- 4 Sardellenfilets (in Öl)
- 1 Knoblauchzehe
- Salz
- Zucker
- Cayennepfeffer
- Koriander zum Garnieren
- Parmesan

1 Für die Fladen das Mehl und Salz in einer Schüssel mischen und in die Mitte eine Mulde drücken. Das Öl hineingeben und nach und nach 100 ml lauwarmes Wasser einrühren. Den Teig so lange kneten, bis er geschmeidig ist. Eine Kugel formen, in die Schüssel geben und mit Frischhaltefolie zugedeckt etwa 30 Minuten ruhen lassen.

2 Den Teig zu einer Rolle formen, in 8 gleich große Portionen teilen und Kugeln daraus formen. Jeweils mithilfe des Nudelholzes zu einem dünnen, runden Fladen ausrollen.

3 Eine beschichtete Pfanne erhitzen. Die Tortillafladen darin ohne Fett nacheinander langsam goldgelb backen. Wenn sich der Fladen wellt, immer wieder leicht nach unten drücken, wenden und von der zweiten Seite ebenfalls mit etwas Farbe backen. Die Fladen sollten weich und elastisch bleiben. Herausnehmen, in Alufolie einwickeln und lauwarm halten.

4 Für den Salat die Romanasalatherzen putzen, waschen und trocken tupfen. Die Butter in einer Pfanne erhitzen und die Weißbrotwürfel darin goldbraun anrösten.

5 Für das Dressing Eigelb, Zitronensaft und Worcestershiresauce verrühren. Das Olivenöl in einem dünnen Strahl unter Rühren dazugießen und weiterschlagen, bis die Masse cremig ist. Den Parmesan unterrühren. Die Sardellenfilets abtropfen lassen und fein hacken. Den Knoblauch schälen und in feine Würfel schneiden. Beides unter die Mayonnaise rühren. Mit Salz, Zucker und Cayennepfeffer abschmecken.

6 Den Salat mit dem Dressing marinieren. Auf die Tortilla-Fladen verteilen und mit gerösteten Weißbrotwürfeln bestreuen. Den Koriander waschen, trocken tupfen, Blätter abzupfen und locker über den Salat streuen. Mit einem Hobel Parmesanspäne darübergeben. Die Tortilla-Wraps vorsichtig einrollen und servieren.

CLUB-SANDWICH

mit Avocado und Wachtelei

Zutaten für 4 Personen

- 2 Tomaten
- 2 Avocados
- Saft von 1 Limette
- 12 Scheiben Toastbrot
- 2 Hähnchenbrustfilets (à ca. 150 g)
- 8 Scheiben Frühstücksspeck
- 4 EL Olivenöl
- 8 Wachteleier
- 1 Chilischote
- 4 EL Mayonnaise
- 2 TL Senf
- 1 Romanasalat
- Salz
- Pfeffer aus der Mühle

1 Die Tomaten kreuzweise einritzen, überbrühen, kalt abschrecken, häuten, vierteln und entkernen. Die Avocados halbieren und den Stein entfernen. Die Avocadohälften schälen und das Fruchtfleisch längs in feine Scheiben schneiden. Mit dem Limettensaft marinieren.

2 Die Toastscheiben rösten. Die Hähnchenbrustfilets waschen, trocken tupfen und leicht plattieren. Die Speckscheiben halbieren. In einer beschichteten Pfanne 2 EL Olivenöl erhitzen. Den Speck darin kross braten, herausnehmen und das Hähnchenfleisch in dem Bratfett auf beiden Seiten etwa 3 Minuten braten.

3 Die Tomatenviertel dazugeben auf jeder Seite kurz anbraten. Hähnchenbrustfilets und Tomaten aus der Pfanne nehmen und auskühlen lassen.

4 Das restliche Olivenöl in einer beschichteten Pfanne erhitzen. Die Wachteleier anritzen, in eine Espressotasse geben, langsam aus der Tasse in die Pfanne gleiten lassen und zu Spiegeleiern braten.

5 Die Chilischote längs halbieren, entkernen, waschen und in feine Streifen schneiden. Die Mayonnaise mit dem Senf verrühren. Den Romanasalat putzen, waschen, trocken schleudern, in feine Streifen schneiden und zu der Mayonnaise-Senf-Mischung geben. Die Chilistreifen unterheben.

6 Auf 4 Toastscheiben etwas Salat-Mayonnaise-Mischung verteilen. Die Hähnchenbrust in etwa 1 cm dicke Scheiben schneiden, mit Salz und Pfeffer würzen und auf den Toast legen. Je 2 Speckscheiben darauflegen und mit 1 Scheibe Toastbrot bedecken. Darauf die restliche Salat-Mayonnaise-Mischung streichen, mit den Avocadoscheiben belegen und die Tomatenviertel daraufgeben. Mit den restlichen Speckscheiben und den Spiegeleiern belegen. Jeweils die restlichen Toastscheiben darauflegen, die Sandwichs einmal quer durchschneiden, mit Zahnstochern fixieren und servieren.

FALAFELN
mit Kräutersalat

1 Am Vortag für die Falafeln die Kichererbsen mit Wasser bedecken und über Nacht einweichen.

2 Am nächsten Tag die Kichererbsen abgießen und gut abtropfen lassen. Die Zwiebeln und den Knoblauch schälen und in Streifen schneiden. Die Kräuter waschen, trocken tupfen und die Blätter abzupfen.

3 Die Kichererbsen mit den Kräutern, Zwiebeln und Knoblauch vermischen und zweimal durch die feine Scheibe im Fleischwolf drehen (oder im Küchenmixer pürieren, dabei aufpassen, dass die Masse nicht zu breiig wird). Das Backpulver und das Mehl dazugeben und durchrühren. Falls die Masse zu fest ist, etwas Wasser untermischen. Mit den Gewürzen kräftig abschmecken. Den Teig etwa 1 Stunde ruhen lassen.

4 Inzwischen für den Salat alle Salate und Kräuter verlesen, putzen, waschen und trocken schleudern bzw. trocken schütteln. Salate und Kräuter etwas zerkleinern. Olivenöl, Zitronensaft und je 1 Prise Salz, Zucker und Cayennepfeffer zu einem Dressing verrühren.

5 Für die Falafeln das Öl in einem hohen Topf erhitzen. Aus dem Teig mit angefeuchteten Händen etwa tischtennisballgroße Bällchen formen und portionsweise goldbraun frittieren. Auf Küchenpapier abtropfen lassen.

6 Salat und Kräuter mit dem Dressing vermischen und die Falafeln mit dem Kräutersalat servieren. Zu den Falafeln passt auch Joghurt mit Limette, Minze und Cayennepfeffer abgeschmeckt.

Zutaten für 4 Personen

Für die Falafeln:

- 250 g getrocknete Kichererbsen
- 100 g Zwiebeln
- 1 Knoblauchzehe
- 2 Stiele Petersilie
- 4 Zweige Koriander
- ½ TL Backpulver
- 1 ½ EL Mehl
- Cayennepfeffer
- gemahlener Kreuzkümmel
- gemahlener Koriander
- gemahlener Kardamom
- Salz
- Pfeffer aus der Mühle
- ½ l Öl zum Frittieren

Für den Salat:

- 50 g Rucolasalat
- 50 g Friséesalat
- 50 g glatte Petersilie
- 50 g Minze
- 50 g Kerbel
- 60 ml Olivenöl
- Saft von 1 Zitrone
- 1 Msp. scharfer Senf
- Salz
- Zucker
- Cayennepfeffer

FOCACCIA

mit Tomate, Oliven und Rucola

Zutaten für 4 Personen

- 300 g Mehl
- 150 ml Olivenöl
- 1 TL getrockneter Oregano
- 200 ml Mineralwasser
- ½ Würfel frische Hefe (21 g)
- 1 Eigelb
- ½ TL Salz
- Zucker
- 1 Zweig Rosmarin
- ½ EL feines Meersalz
- 50 g schwarze Oliven (z. B. Taggiasca; ohne Stein)
- 100 g getrocknete Tomaten (aus dem Glas)
- 1 Bund Rucola
- 1 EL Aceto balsamico
- 50 g Sardellenfilets (in Öl)

1 Mehl, 50 ml Olivenöl und Oregano in einer Schüssel mischen. Das Mineralwasser erwärmen und die Hefe darin auflösen. Eigelb, Salz und 1 Prise Zucker einrühren. Dieses Gemisch zum Mehl geben und alles zu einem glatten Teig verkneten.

2 Den Rosmarin waschen, trocken tupfen und die Nadeln abzupfen. Das restliche Olivenöl mit Meersalz und Rosmarin verrühren.

3 Den Teig auf ein mit Backpapier belegtes Backblech legen und fingerdick ausrollen. Mithilfe eines Holzkochlöffels Löcher in den Teig drücken und das Ölgemisch mit einem Löffel oder Pinsel auf dem Teig verteilen. Die Oliven hineindrücken und den Teig zugedeckt an einem warmen Ort 1 Stunde gehen lassen.

4 Inzwischen den Backofen auf 200 °C Umluft vorheizen. Etwas Wasser erhitzen, den Teig damit bepinseln und auf der mittleren Schiene 30 Minuten backen. Herausnehmen und abkühlen lassen.

5 Die Tomaten abtropfen lassen und in Streifen schneiden. Den Rucola verlesen, waschen und trocken schleudern, grobe Stiele entfernen. Beides mischen und mit dem Essig marinieren. Die Sardellenfilets abtropfen lassen.

6 Die Focaccia der Länge nach aufschneiden und die untere Hälfte mit den Sardellen belegen. Den Rucola mit den Tomaten darüberstreuen, den Deckel der Focaccia darauflegen und die Focaccia in handliche Stücke schneiden.

SWEETS

Kleine süße Ideen mit großer Wirkung – das sind meine Desserts, meine kleinen kulinarischen Rausschmeißer aus diesem Buch. Als Streetfood gibt es Süßigkeiten ja schon ewig. Eine Praline für den Nachhauseweg, Eis in der Waffel oder am Stiel, kandierte Schokofrüchte oder Zuckerwatte, das ist süßer Imbiss für unterwegs. Das kennt doch jeder aus seiner Kindheit. Aber bei mir gibt's Streetfood für daheim, und das muss wie die echte Straßenküche auch einfach und schnell zubereitet sein. Also keine Angst: Mein Tiramisu, meine Donuts, meine Krapfen und meine Kücherl sind ganz einfach saugut – und eines verspreche ich Ihnen ganz sicher: Mit diesen Süßigkeiten von der Hand in den Mund, da haben Sie im Handumdrehen alle in der Hand.

KOKOS-PANNA-COTTA

mit weißer Schokolade und Ananas

Zutaten für 4 Personen

Für die Panna cotta:

- 2 Blatt Gelatine
- 125 ml Kokosmilch
- 1 Vanilleschote
- 120 g weiße Schokolade
- abgeriebene Schale von 1 Bio-Zitrone
- 200 g Sahne
- 50 g Kokosnuss-Chips

Für das Chutney:

- 1 Ananas
- 15 g Ingwer
- 100 ml weißer Portwein
- Saft von ½ Zitrone
- 1 Sternanis
- 50 g Gelierzucker (1:1)

1 Für die Panna cotta die Gelatine nach Packungsanweisung in kaltem Wasser einweichen. Die Kokosmilch in einen Topf geben. Die Vanilleschote längs aufschneiden und das Mark herauskratzen. Vanillemark und -schote in die Milch geben und aufkochen. Die Vanilleschote wieder entfernen. Die Gelatine gut ausdrücken und in der Kokosmilch unter Rühren auflösen.

2 Die Schokolade klein hacken. Die Schokolade in die heiße Kokosmilch geben und schmelzen lassen. Die Zitronenschale dazugeben und die Sahne nach und nach unterrühren. In Schälchen oder Gläser füllen und kühl stellen.

3 Für das Chutney die Ananas schälen, vierteln, den harten Strunk herausschneiden. Das Fruchtfleisch in feine Würfel schneiden.

4 Den Ingwer schälen und in Scheiben schneiden. Den Portwein mit dem Zitronensaft, Sternanis, Ingwer und Gelierzucker aufkochen. Die Ananas dazugeben und unter ständigem Rühren so lange kochen, bis die Flüssigkeit verkocht ist. Die Ananas in ein Behältnis füllen und kühl stellen.

5 Die Kokosnuss-Chips in einer beschichteten Pfanne ohne Fett anrösten. Über die Panna cotta streuen und mit dem Ananas-Chutney servieren.

PISTAZIENCREME

mit Hippen und Gewürzorangen

Zutaten für 4 Personen

Für die Creme:

- 400 ml Milch
- 100 g Sahne
- 2 Blatt Gelatine
- 3 Eigelb
- 100 g Zucker
- 100 g Pistazienkerne

Für die Gewürzorangen:

- 2 Orangen
- ½ Sternanis
- 1 Gewürznelke
- 1 TL Vanillepudding-pulver
- 1 TL Weißwein

Für die Hippen:

- 40 g Eiweiß
- 40 g Puderzucker
- 40 g Mehl
- 40 g Butter

Außerdem:

- Öl für das Backblech
- Puderzucker zum Bestäuben

1 Für die Creme die Milch und die Sahne in einem Topf zum Kochen bringen. Die Gelatine in kaltem Wasser einweichen. Die Eigelbe und den Zucker in einer Metallschüssel cremig aufschlagen. Die Milch-Sahne-Mischung unter ständigem Rühren nach und nach dazugeben. Im heißen Wasserbad weiterrühren, bis die Masse dicklich wird. Die Eiercreme heiß über die Pistazien gießen und mit dem Stabmixer fein pürieren. Die Gelatine ausdrücken und in die Creme rühren, bis sie sich aufgelöst hat. Die Pistaziencreme in Gläser füllen und kühl stellen.

2 Für die Gewürzorangen die Orangen so großzügig schälen, dass auch die weiße Haut mit entfernt wird. Die Filets zwischen den Trennhäuten herausschneiden, den Saft ausdrücken und auffangen.

3 Den Orangensaft, den Anis und die Gewürznelke aufkochen. Das Puddingpulver mit dem Wein glatt rühren und den Orangensaft damit binden. Die Orangenfilets hineinlegen.

4 Für die Hippen den Backofen auf 190 °C vorheizen. Ein Backblech leicht mit Öl bepinseln. Alle Zutaten gut miteinander verrühren. Die Hippenmasse mithilfe einer Schablone dünn auf das Backblech streichen und im Ofen auf der mittleren Schiene etwa 8 Minuten hellbraun backen. Herausnehmen und sofort in die gewünschte Form bringen (z. B. um einen Kochlöffelstiel rollen).

5 Die Orangen auf die Gläser mit der Pistaziencreme verteilen und mit den Hippen garnieren. Mit Puderzucker bestäuben.

MILCHREIS
mit Himbeeren

1 Für den Milchreis den Reis etwa 5 Minuten in kochendem Wasser blanchieren. Abgießen und abtropfen lassen.

2 Milch, Zucker, Zitronenschale, Zimt und Vanilleschote in einem Topf erwärmen, aber nicht kochen. Den Reis dazugeben und etwa 25 Minuten sieden lassen. Die Temperatur erhöhen und die Butter unterrühren. Den Milchreis in eine Schüssel geben und etwa 20 Minuten unter Rühren abkühlen lassen.

3 Die Zimtstange und die Vanilleschote aus dem Milchreis nehmen und die geschlagene Sahne unterheben.

4 Für die Himbeeren die tiefgekühlten Himbeeren in den Küchenmixer geben. Den Zucker dazugeben und so lange pürieren, bis der Zucker aufgelöst ist. Die Fruchtsauce passieren und mit Zitronensaft abschmecken. Die frischen Himbeeren verlesen, waschen und trocken tupfen. Das Himbeerpüree untermischen und zum Milchreis geben. Mit Zimtzucker bestreuen.

Zutaten für 4 Personen

Für den Milchreis:

- 125 g Rundkornreis
- ½ l Milch
- 45 g Zucker
- abgeriebene Schale von ½ Bio-Zitrone
- 1 Zimtstange
- ½ Vanilleschote
- 20 g Butter
- 25 g geschlagene Sahne
- Zimtzucker

Für die Himbeeren:

- 100 g tiefgekühlte Himbeeren
- 50 g Zucker
- Zitronensaft
- 250 g Himbeeren

Bachmeiers Tipp

Durch das Blanchieren des Milchreises platzen die Körner auf, die enthaltene Stärke kocht aus und der Reis nimmt die Aromen sowie die Milch besser auf. Zudem wird der Reis locker und zugleich cremig.

ERDBEER-TIRAMISU
mit Rhabarber

Zutaten für 4–6 Personen

- 125 g Erdbeeren
- Saft von 1 Zitrone
- 100 g Zucker
- 1 Stange Rhabarber
- 100 g Sahne
- 1 Blatt Gelatine
- 2 Eier
- 250 g Mascarpone
- 4 EL Amaretto
- 12 Löffelbiskuits
- 2 Tassen kalter Kaffee oder 2 doppelte Espressi

1 Die Erdbeeren waschen, putzen und die Hälfte davon mit dem Zitronensaft und 40 g Zucker fein pürieren. Durch ein Sieb streichen. Die restlichen Erdbeeren in Scheiben schneiden.

2 Den Rhabarber putzen, waschen und in kleine Stücke (3 x 1 cm) schneiden. Den Rhabarber mit dem Erdbeermark aufkochen, vom Herd nehmen, weich ziehen und auskühlen lassen.

3 Die Sahne steif schlagen. Die Gelatine nach Packungsanweisung in kaltem Wasser einweichen. Die Eier trennen. Die Eiweiße mit dem restlichen Zucker aufschlagen. Die Eigelbe mit dem Mascarpone verrühren. Den Amaretto erwärmen und die ausgedrückte Gelatine darin unter Rühren auflösen. Zu der Mascarpone-Masse geben und unterrühren. Die geschlagene Sahne unterrühren und zum Schluss langsam das geschlagene Eiweiß unterheben. Die Creme in einen Spritzbeutel füllen.

4 Die Erdbeerscheiben unter die Rhabarber-Erdbeer-Masse heben. Die Biskuits in den Kaffee legen und kurz ziehen lassen, aber nur so lange, dass sie noch kross bleiben.

5 Mascarponecreme, Rhabarber-Erdbeer-Masse und Biskuit abwechselnd in vier bis sechs Gläser (Tumbler mit 200 ml Inhalt sind optimal) schichten. So lange fortfahren, bis alle Zutaten verbraucht sind. Etwa 1 Stunde kühl stellen.

6 Wer mag, kann die Gläser noch mit einer halben Erdbeere garnieren und mit Kakaopulver bestäuben.

BELGISCHE WAFFELN

mit Balsamico-Kirschen

Zutaten für 4 Personen

Für die Balsamico-Kirschen:

- 300 g Kirschen
- 200 ml Kirschsaft (Direktsaft)
- 200 ml Portwein
- 100 ml Cassislikör
- ½ Vanilleschote
- 2 TL Vanillepuddingpulver
- Saft von je 1 Orange und Zitrone
- 50 ml Aceto balsamico
- Honig

Für den Teig:

- 100 g Mehl
- 150 g Sahne
- 2 Eigelb
- Nelken-, Anis- und Zimtpulver
- Mark von ½ Vanilleschote
- abgeriebene Schale von ½ Bio-Zitrone
- 30 g flüssige Butter
- 3 Eiweiß
- Salz
- 30 g Zucker
- geklärte Butter für das Waffeleisen

1 Für die Balsamico-Kirschen die Kirschen waschen und entsteinen. Die Steine mit dem Kirschsaft, dem Portwein und dem Cassis aufkochen. Die Vanilleschote dazugeben und alles auf die Hälfte einkochen lassen.

2 Das Puddingpulver mit dem Orangen- und Zitronensaft verrühren und den Kirschfond damit binden. Den Essig dazugeben und mit Honig nach Geschmack süßen. Den Fond durch ein Sieb passieren, die Kirschen hineinlegen und etwa 20 Minuten ziehen lassen.

3 Für den Teig das Mehl in eine Schüssel sieben. Die Sahne und die Eigelbe unterrühren. Je 1 Prise Nelken-, Anis- und Zimtpulver, Vanillemark, Zitronenschale und Butter dazugeben. Die Eiweiße mit 1 Prise Salz und 10 g Zucker zu einem steifen Schnee schlagen. Nach und nach den restlichen Zucker unter Schlagen einrieseln lassen. Zuerst ein Drittel des Eiweißes in die Masse geben, danach den Rest unterziehen.

4 Das Waffeleisen vorheizen und mit geklärter Butter leicht einfetten. Einige Esslöffel Teig hineingeben, verstreichen, das Eisen verschließen und die Waffel bei mittlerer Hitze ausbacken. Auf die gleiche Weise alle Waffeln herstellen und warm stellen.

5 Die Waffeln mit dem Kompott anrichten. Nach Wunsch mit Puderzucker bestäuben.

PFANNKUCHEN-AUFLAUF

mit Kirschen und Joghurteis

Zutaten für 1 Springform (28 cm Durchmesser)

Für den Auflauf:

- 50 g Mehl
- 6 Eier
- 50 g Zucker
- 300 ml Milch
- 180 g Sahne
- 35 g Mandelgrieß
- Fett für die Form
- 300 g Kirschen
- Puderzucker zum Bestäuben

Für das Eis:

- 200 g gefrorene Kirschen
- 150 g Naturjoghurt
- 100 g Puderzucker

1 Für den Auflauf den Backofen auf 160 °C Umluft vorheizen. Das Mehl durch ein Sieb streichen. Eier, Zucker, Milch, Sahne, Mehl und Mandelgrieß in einen hohen Rührbecher füllen. Mit dem Stabmixer kräftig durchmixen.

2 Eine große gefettete Springform (28 cm Durchmesser) oder vier kleine Formen (à 12 cm Durchmesser) einfetten und den Teig darin verteilen.

3 Die Kirschen waschen, entsteinen auf den Teig geben und den Auflauf im Ofen etwa 1 Stunde backen. Herausnehmen, abkühlen lassen und mit Puderzucker bestäuben.

4 Für das Eis die Kirschen, den Joghurt und den Puderzucker in den Küchenmixer geben und so lange pürieren, bis eine cremige Masse entstanden ist. Sofort servieren oder Nocken abstechen, in Schälchen legen und bis zum Verzehr im Tiefkühlfach aufbewahren.

5 Den Pfannkuchen-Auflauf mit dem Joghurteis servieren.

ZWETSCHGENKNÖDEL
mit Butterbröseln

1 Für den Teig den Backofen auf 150 °C vorheizen. Ein Backblech mit Backpapier belegen. Die Kartoffeln mit Schale gründlich waschen, auf das Backblech legen und im Ofen etwa 1 Stunde backen. Herausnehmen, noch heiß pellen und durch eine Kartoffelpresse in eine Schüssel drücken (ergibt etwa 500 g). Auskühlen lassen.

2 Ei, Speisestärke, Mehl und Butter dazugeben und kräftig verkneten. Den Kartoffelteig zu einer Rolle formen, in 12 gleich dicke Scheiben schneiden und etwas flach drücken.

3 Die Zwetschgen waschen, entsteinen und mit Würfelzucker füllen. Jeweils 1 Zwetschge in 1 Scheibe Kartoffelteig einschlagen und zu einem Knödel formen. In kochendes Salzwasser geben und bei schwacher Hitze etwa 20 Minuten ziehen lassen.

4 Für die Brösel 100 g Butter in einer Pfanne aufschäumen. Weißbrotbrösel und Zucker dazugeben und anrösten. Die restliche Butter zerlassen.

5 Die Knödel mit dem Schaumlöffel aus dem Wasser nehmen und auf Küchenpapier abtropfen lassen. Auf Teller verteilen. Die Brösel über die Knödel geben und mit Puderzucker bestäuben. Je 1 bis 2 EL flüssige Butter darübergeben.

Zutaten für 4 Personen

Für den Teig:
- 600 g mehligkochende Kartoffeln
- 1 Ei
- 75 g Speisestärke
- 75 g Mehl
- 50 g weiche Butter
- 12 Zwetschgen
- 12 Stück Würfelzucker
- Salz

Für die Brösel:
- 200 g Butter
- 100 g Weißbrotbrösel
- 50 g Zucker
- Puderzucker zum Bestäuben

GEFÜLLTER GRIESSKNÖDEL
mit Nougatsauce

Zutaten für 4 Personen

Für die Sauce:
- 250 g Sahne
- 75 g dunkler Nougat
- 50 g Vollmilchkuvertüre

Für die Erdbeerkugeln:
- 200 g Erdbeeren
- 50 g Puderzucker
- Saft von ½ Zitrone

Für die Grießknödel:
- 1 Vanilleschote
- ½ l Milch
- 120 g Zucker
- Salz
- 75 g Butter
- 170 g Weizengrieß
- 1 Ei
- 1 Eigelb
- 100 g Weißbrotbrösel

1 Am Vortag für die Sauce die Sahne aufkochen. Den Nougat und die Kuvertüre einrühren und etwas abkühlen lassen. Die Sahne aufschlagen und kühl stellen.

2 Für die Erdbeerkugeln die Erdbeeren waschen, putzen und halbieren. Die Erdbeeren in einen hohen Rührbecher geben. Den Puderzucker und den Zitronensaft dazugeben und mit dem Stabmixer pürieren, bis sich der Zucker aufgelöst hat. Das Erdbeermark in kleine Eiswürfelbehälter (Kugeln) füllen und einfrieren.

3 Am nächsten Tag für die Grießknödel die Vanilleschote längs aufschneiden und das Mark herauskratzen. Die Milch mit 20 g Zucker, 1 Prise Salz, Vanillemark und -schote und 25 g Butter aufkochen. Den Grieß einrühren und unter ständigem Rühren köcheln lassen, bis sich die Grießmasse vom Topfboden löst. Den Grieß in eine Schüssel geben und abkühlen lassen. Sobald der Grieß handwarm ist, das Ei und das Eigelb einrühren.

4 Aus der Grießmasse eine etwa 5 cm dicke Rolle formen und in etwa 1 cm dicke Scheiben schneiden. Die Scheiben jeweils etwas flach drücken, 1 Erdbeerkugel in die Mitte legen und einen Knödel daraus formen.

5 Die Knödel in kochendes Salzwasser geben und bei schwacher Hitze etwa 20 Minuten ziehen lassen.

6 Die restliche Butter in einer beschichteten Pfanne aufschäumen, die Weißbrotbrösel dazugeben und mit dem übrigen Zucker unter gelegentlichem Rühren goldgelb rösten. Auf einem Teller abkühlen lassen.

7 Die Nougatsauce erneut aufschlagen und auf einem Teller anrichten. Die Grießknödel in die Sauce legen und mit den Brotbröseln bestreuen.

BROWNIES
mit Erdbeeren

Zutaten für 6–8 Stück

- 6–8 Erdbeeren
- 180 g Butter
- 120 g Zartbitterschokolade
- 4 Eier
- 150 g Zucker
- Salz
- abgeriebene Schale von 1 Bio-Zitrone
- 50 g Mehl
- 50 g Mandelmehl
- 50 g weiße Schokoladenchips
- 50 g Zartbitter-Schokoladenchips

1 Den Backofen auf 180 °C vorheizen. Die Erdbeeren waschen, putzen und trocken tupfen. Die Butter und die Schokolade getrennt im heißen Wasserbad schmelzen. Die Erdbeeren in die Schokolade tunken, abtropfen lassen, auf einen mit Backpapier belegten Teller geben und trocknen lassen.

2 Die restliche Schokolade und die Butter verrühren. Eier, Zucker, Salz und Zitronenschale in einer Schüssel mit den Quirlen des Handrührgeräts schaumig aufschlagen. Die Schokoladen-Butter-Mischung langsam einrühren. Das Mehl, das Mandelmehl und die Schokoladenchips dazugeben und unterheben.

3 Die Masse in eine kleine Backform (20 x 20 cm) füllen und im Ofen auf der mittleren Schiene etwa 30 Minuten backen. Herausnehmen und auskühlen lassen. Aus der Form lösen, in Stücke schneiden und mit den Erdbeeren anrichten.

DONUTS
mit Schokolade

1 Für den Teigansatz 50 ml Milch und die Hefe in einer Schüssel verrühren. 100 g Mehl unterkneten und den Teig an einem warmen Ort etwa 30 Minuten gehen lassen.

2 Teigansatz, Eier, Eigelbe, Zucker, Salz, Zitronenschale, Rum (für den Geschmack und der Teig nimmt weniger Fett beim Backen auf) und handwarme Butter verrühren. Das restliche Mehl nach und nach unterkneten.

3 Vom Teig jeweils Portionen à etwa 40 g abwiegen und mit den Händen zu glatten Kugeln drehen. Jeweils auf der bemehlten Arbeitsfläche etwa 1 cm dick ausrollen und mit einem Ausstecher Kreise (etwa 6 cm Durchmesser) ausstechen. In der Mitte ein Loch (etwa 3 cm Durchmesser) ausstechen und beiseitelegen. Danach die Donuts mit einem Tuch abdecken und an einem warmen Ort für weitere 30 Minuten gehen lassen.

4 Das Fett in einem hohen Topf auf 170 °C erhitzen und die Donuts darin auf beiden Seiten jeweils etwa 3 Minuten ausbacken. Herausnehmen, auf Küchenpapier abtropfen lassen.

5 Die Donuts erst mit Aprikosenkonfitüre bestreichen und anschließend in die temperierte Schokolade tunken. Abtropfen lassen und auf ein mit Backpapier belegtes Kuchengitter setzen. Abkühlen lassen und servieren.

Zutaten für ca. 20 Stück

- 125 ml lauwarme Milch
- 35 g Hefe
- 500 g Mehl
- 2 Eier
- 3 Eigelb
- 60 g Zucker
- 10 g Salz
- abgeriebene Schale von 1 Bio-Zitrone
- 1 Spritzer Rum
- 120 g handwarme Butter
- Fett zum Frittieren

Außerdem:

- 50 g Aprikosenkonfitüre
- 100 g Zartbitterschokolade, temperiert

Bachmeiers Tipp
Die ausgestochenen Teigreste können Sie ebenfalls ausbacken und abtropfen lassen. Mit einer Spritztülle Konfitüre hineinspritzen. Nach Belieben mit Zucker bestreuen oder mit Puderzuckerguss bepinseln und mit Zuckerperlen bestreuen. Die „Krapfen“ auf Spieße stecken und die sogenannten bayerischen „Krapfen-Cake-Pops“ mit den Donuts servieren.

BLÄTTERTEIGSCHNITTE

mit Vanillecreme und Beeren

Zutaten für 12 Stück

- 1 Blätterteigplatte (ca. 300 g; aus dem Kühlregal)
- 100 ml Läuterzucker (Zucker und Wasser im Verhältnis 1:1 verkocht)
- 4 Blatt Gelatine
- 6 Eier
- 20 g Vanillepuddingpulver
- 150 ml Milch
- 175 g Sahne
- 1 Vanilleschote
- 150 g Zucker
- Salz
- 250 g Himbeeren
- 250 g Heidelbeeren
- Puderzucker

1 Den Backofen auf 200 °C vorheizen. Die Blätterteigplatte auf der bemehlten Arbeitsfläche auf etwa 30 x 40 cm ausrollen. Die Platte auf ein mit Backpapier belegtes Backblech legen und mit dem Läuterzucker bestreichen. Den Teig mehrmals mit einer Gabel einstechen. Eine Backmatte darauflegen, mit einem weiteren Backblech beschweren und im Ofen auf der mittleren Schiene etwa 20 Minuten knusprig backen. Herausnehmen und auskühlen lassen.

2 Die Gelatine in kaltem Wasser einweichen. Die Eier trennen. Die Eigelbe mit dem Vanillepuddingpulver und etwas Milch anrühren. Die Sahne und die restliche Milch in einen Topf geben. Die Vanilleschote längs aufschlitzen und das Mark herauskratzen. Vanilleschote und -mark zur Milch geben und aufkochen. Unter ständigem Rühren die Eigelb-Milch in die Milch-Sahne-Mischung geben und binden. Die Vanilleschote wieder entfernen.

3 Die eingeweichte Gelatine ausdrücken, in die noch heiße Milch-Sahne-Mischung rühren und unter Rühren auflösen. Danach die Masse in Eiswasser kalt rühren.

4 Die Eiweiße mit dem Zucker und 1 Prise Salz zu einem steifen Schnee schlagen und vorsichtig unter die Masse heben. Die Vanillecreme kühl stellen.

5 Die Blätterteigplatte mit einem scharfen Messer der Länge nach in 8 Streifen (5 cm breit) schneiden und diese quer in 3 große Teile schneiden, sodass 24 gleich große Platten entstehen.

6 Die Beeren verlesen, waschen und trocken tupfen. Die Vanillecreme in einen Spritzbeutel füllen und zur Hälfte auf 24 Blätterteigplatten spritzen. Die Hälfte der bespritzten Blätterteigplatten mit den Himbeeren und die andere Hälfte mit den Heidelbeeren belegen. Die restliche Vanillecreme über die Heidelbeeren spritzen. Jeweils 1 Platte mit Himbeeren auf 1 Heidelbeerplatte setzen. Mit Puderzucker bestäuben.

APFELKÜCHERL
mit Biersabayon

Zutaten für 4 Personen

Für den Teig:
- 2 Eier
- 200 g Mehl
- 300 ml Bier
- abgeriebene Schale von ½ Bio-Zitrone
- Zimtpulver
- 1 TL Vanillezucker
- 30 g zerlassene Butter
- Salz
- 20 g Zucker

Außerdem:
- 2 Äpfel
- Saft von 1 Zitrone
- Mehl
- Butterschmalz zum Frittieren
- 50 g Zucker
- 15 g Zimtpulver

Für das Sabayon:
- 3 Eigelb
- 50 g Zucker
- 100 ml helles Bier

1 Für den Teig die Eier trennen. Das Mehl in einer Schüssel mit dem Bier und den Eigelben glatt rühren. Zitronenschale, 1 Prise Zimt und Vanillezucker untermischen. Die zerlassene Butter unterrühren. Die Eiweiße mit 1 Prise Salz zu einem steifen Schnee schlagen. Den Zucker nach und nach einrieseln lassen. Den Eischnee in 3 Portionen unter den Teig heben.

2 Die Äpfel schälen und mit einem Apfelausstecher die Kerngehäuse entfernen. Die Äpfel in etwa 1 cm dicke Scheiben schneiden. Den Zitronensaft mit etwa 1 l Wasser in einer Schüssel mischen und die Äpfel kurz hineinlegen.

3 Etwas Mehl in einen tiefen Teller geben. Das Butterschmalz in einem großen Topf erhitzen. Die Apfelscheiben aus dem Wasser nehmen, trocken tupfen, in Mehl wenden und durch den Bierteig ziehen. Abtropfen lassen und sofort portionsweise etwa 4 Minuten goldbraun frittieren. Inzwischen den Zucker und den Zimt mischen. Die Kücherl aus dem Fett nehmen, auf Küchenpapier abtropfen lassen und sofort in dem Zimtzucker wenden.

4 Für das Sabayon alle Zutaten in eine Schüssel geben und im warmen Wasserbad aufschlagen, bis eine cremige Masse entstanden ist. Dabei darauf achten, dass es nicht zu heiß wird, sonst bindet das Eigelb zu schnell und das Sabayon erhält nicht genügend Volumen. Anschließend sofort auf Eiswasser kalt schlagen.

5 Das Sabayon mit den Apfelkücherln servieren und nach Belieben mit Minze anrichten.

Empfehlungen für besondere Anlässe mit Streetfood-Gerichten

Alles serviert im Family-Style – einfach in die Mitte!

Mädels-Abend

Fußball-Abend

Kleine Stehparty

Picknick

Wegweiser zu den Sendungen 2016

Folge 1

Folge 2

Folge 3

Folge 4

Folge 5

Folge 6

Danksagung

Herzlichen Dank für die Unterstützung bei diesem Buch –

meinem „Grand Chef“ und Mentor – Eckart Witzigmann / meinem Küchenteam Sigi Gassner, Mathias Grimm, Ricardo Quiroz, Michaela Micheu und Sebastian Sulzberger / Stefan Grosse und dem gesamten Team im Blauen Bock / Rudi Färber, Horst Bork – danke für eure Hilfe

Und natürlich meiner Floriane – danke dass es dich gibt.

Der Verlag und Hans Jörg Bachmeier danken den Firmen ASA Selection und Staub für die freundliche Unterstützung der Fotoproduktion.